¡Ssssssshhhhhhhhhhh!

Haz del teatro algo íntimo

Llévalo siempre en el bolsillo

Cubierta y diseño editorial: Éride, Diseño Gráfico
Dirección editorial: ángel jiménez

Primera edición: noviembre, 2025

retahílas / Ucrania, la vida es sueño
© José Gabriel López Antuñano
© VdB, 2025
Espronceda, 5
28003 Madrid

VdB®

ISBN: 979-13-87644-58-1
Depósito Legal: M-26503-2025
Diseño y preimpresión: Éride, Diseño Gráfico

 Este libro protege el entorno

retahílas

a partir de la novela del mismo título
de Carmen Martín Gaite.

José Gabriel López Antuñano
(Madrid, 1949)

Doctor en Filología Española y Teatrólogo. Profesor de Dramaturgia, Escritura Dramática y Ciencias Teatrales en la Escuela Superior de Arte Dramático de Castilla y León, de la que fue director (2006-2013) y en Másteres Universitarios. Miembro del Instituto del Teatro de Madrid e International Association of Theatre Critics y Asociación Directores Escena. Ha estrenado dieciséis obras, textos propios o adaptados, y realizado las dramaturgias con compañías nacionales o dependientes de otras administraciones públicas de diferentes países: España, Polonia, Hungría, Ucrania, México, Portugal o Costa de Marfil. Ha publicado, entre otros, los libros: *De lo Dramático a lo Posdramático* (2024) y *La escena del siglo XXI* (Premios L. Fernández de Moratín, 2025 y 2017, respectivamente); *Teatro Clásico Contemporáneo* (2021) con Ignacio García; autor y coeditor de *El análisis de la escenificación* (2020); treinta capítulos en libros de autoría colectiva, tres ediciones de libros, más de un centenar de artículos en revistas especializadas y ha coordinado once publicaciones.

Ha realizado varias adaptaciones de textos dramáticos para su puesta en escena, entre otros: *Enrique VIII y la cisma de Inglaterra* de Calderón de la Barca, estrenada por la Compañía Nacional de Teatro Clásico en 2015; *La hija del aire* de Calderón de la Barca, estrenada en México 2017 por la Compañía Nacional de Teatro de México; *La historia del cerco de Lisboa*, a partir de la novela de José Saramago, estrenada en el Festival de Almada (Portugal).

José Gabriel López Antuñano

retahílas

a partir de la novela del mismo título
de Carmen Martín Gaite.

Esta obra se estrenó en el Teatro Liceo de Salamanca,
el 13 de diciembre de 2025, interpretada por Nuria Galache (Eulalia),
y José F. Ramos (Germán).

Dirección: Alejandro Arestegui.

Personajes

Eulalia   45 años.

Germán   25 años.

Nota.
Los personajes pueden tener otras edades, pero debe mediar entre ellos una generación larga. Germán nació, según se escuchará, cuando Eulalia sobrepasaba los veinte años.

*Espacio vacío. Sobre el escenario un baúl, ma-
leta o cajón, del que se extraerán diversos obje-
tos que se citan –libros, fotos, revistas, cartas y
algunos más, si el director los cree necesarios
para la acción escénica–, y una silla. Nunca uti-
lería realista-costumbrista. También podría haber una botella, un vaso, una cajetilla de ciga-
rros, envases de medicinas…, siempre y cuando
no obliguen a colocar mesas y otros útiles. El
área de actuación, un rectángulo, acotado por la
luz, en ligera diagonal en relación con la platea.
Nunca en paralelo o perpendicular a esta. El
perímetro del rectángulo puede achicarse con-
forme avanza la obra y se produce el cambio
desde la hostilidad del comienzo al acercamien-
to final. El espacio vacío incide en la soledad
de los personajes. Los contornos acotados del
área de actuación deben estar muy perfilados.
Fuera negro, muy oscuro, pues más allá del lugar de encuentro, existe la desolación.*

*La acción transcurre durante una noche de
septiembre y la iluminación matiza el paso del
tiempo. De la medianoche al amanecer.*

*La obra se desarrolla en la década de los no-
venta del pasado siglo. A esos años se acomo-
dan mejor algunas expresiones, costumbres tanto de tiempo presente de la acción escénica, como*

referencias al pasado. Esta elección condiciona vestuario y caracterización.

Importa cuidar la escucha y los cambios de dirección del discurso, que se producen en función de la actitud del escuchante y en línea con lo expresado en el texto: «las historias son sucesión de palabras que surgen con orden irrepetible, marcado por el interlocutor, aunque no interrumpa. ¡Tú! ahora callas, pero tus ojos… ¡Nunca dan igual unos ojos que otros! El que escucha, con la mirada, cataliza las historias».

Una nota: los puntos suspensivos marcan un cambio en la dirección del pensamiento, que va precedido de una pausa, más o menos prolongada en función de la profundidad del cambio. También hay otros puntos suspensivos, que producen cambios de enunciación, en función del gesto, de la escucha activa, de la mirada del otro personaje. Estas pausas no deben «dormir» la escenificación, pero requieren una detención del discurso.

Por otra parte, en los monólogos hay evidentes aceleraciones del «tempo», sobre todo en los dos últimos, pero la aceleración del «tempo» no debe, en mi opinión, precipitar el ritmo, que debe ser orgánico, claro y preciso; nunca aturullado —que se coma sílabas—: es acentuación del impulso y la fuerza, pero no rapidez de elocución. Los monólogos son la mayor parte de las veces de «corriente de conciencia», no tienen concatenación lógica, sino asociativa; ni temporalidad lógica y causal. Junto a ellos hay narraciones descriptivas, las menos.

EULALIA *se encuentra sola. Por el suelo puede haber algunos ejemplares de la revista Ilustración –u otra– y algún objeto más que muestre el abandono de la casa. Pero puede no haber nada, insistiendo en la idea de espacio vacío. En cualquier caso,* EULALIA *se encuentra embebida, ausente y cansada, hojeando números de alguna revista. Al poco, entra* GERMÁN *que llega de viaje con un ligero equipaje. Se dirige hacia* EULALIA, *que, cuando lo ve, le espeta.*

EULALIA   ¿Qué haces aquí?

GERMÁN   (…) Enviaste… ¡Escribiste un telegrama!

EULALIA   …Si acaso… esperaba a tu padre.

GERMÁN   Iba dirigido a la familia Orfila. Lo abrí: ¡la abuela se muere!

EULALIA   ¡¿Te importa a ti mucho?! ¡¿Tan aburrido es el fin del verano?!; o ¿querías viajar desde la Costa Brava a Louredo?

(Pausa.)

9

GERMÁN   Si aparezco en una ocasión como esta, puedes suponer lo que te dé la gana, menos que vengo a incordiar, fisgar o sacar partido.

(Pausa.)

EULALIA   La casa se cae. Está llena de grietas…

GERMÁN   ¡No he venido a arreglar la casa!

(Pausa.)

EULALIA   No hay nada… Solo el baúl.

GERMÁN   Algo de compañía te podré hacer, ¿no? Pero si prefieres estar sola, me largo ahora.

EULALIA   ¡Como quieras!… Bueno… ¡Quédate! Ningún taxi vendrá a recogerte hasta que amanezca. Esto no es Madrid… En algún cuarto encontrarás una cama.

(Un silencio molesto.)

GERMÁN   ¿Tu abuela cómo está?

EULALIA   La muerte está aquí… La siento planeando como un buitre.

GERMÁN   ¿Por qué la trajiste?

EULALIA   No sé cómo me vi delante del portal de su casa en Madrid. Sin saber cómo ni por qué, le pedí la llave a la portera. «¡Por fin has llegado!», me dijo. «¡Vamos! ¡Vamos! Nos tenemos que ir. ¡Quiero volver a Louredo! Hay que disponerlo todo. ¿Has entendido?»... Empecé a doblar ropas y apartarlas... Entre el revoltijo me encontré con sus manos frías y duras. Las apreté... Se puso a llorar. Me dio muchos encargos, relacionados con el acarreo del baúl y con una especie de inventario de su contenido. «Ha llegado la hora, ¿sabes?». ¡Ha llegado la hora!, ¡ha llegado la hora!, repetía como una salmodia. Salí a contratar una ambulancia y a poneros el telegrama.

GERMÁN   Mi padre y su mujer Colette lo leyeron después. Mi padre con los ojos a cuadros dijo: «¡qué mosca la habrá picado!». ¿Cómo la lleva a Louredo? Eulalia aborrece esa casa.

EULALIA   Llevaba casi veinte años sin pisarla... Como Germán, tu padre.

GERMÁN   Sí. Los dos detestáis esta casa. No sé cuántas veces le habré escuchado: ¡qué se la lleve el diablo!

EULALIA   ¿Vendrá?

GERMÁN   No creo... «¡Para arranques como ese hay que ser de la madera de Eulalia!», dijo. «Anda a la deriva y hace lo que menos se espera... La abuela no me espera y aquello anda lejos».

EULALIA   Ya ves. Fue la abuela la que impuso su voluntad… Estás cansado. Por mí te puedes acostar. Pasaré la noche en vela.

GERMÁN   Prefiero acompañarte. Ahora que estoy contigo, quiero tirar de mi hilo. Del hilo de mi vida. Tú me puedes ayudar. (*Pausa. Se dirige al baúl.*) Cartas, fotos, libros, recuerdos, bordados…

EULALIA   Son hilos del pasado… (EULALIA *toma una revista del suelo.*) Después de acomodar a la abuela… La vi muy mal… No me pude sosegar hasta que saqué estas revistas… Me puse a mirar las estampas: *(Las hojea y se las muestra a* GERMÁN.*)* acalorados debates en el parlamento…; inauguraciones del ferrocarril…; el desastre de Cuba…; arcos engalanados en la calle Alcalá para recibir al rey…; vistas de Santander y el Sardinero…; actrices y gitanos, soldados y bandidos…; ¡la mujer barbuda!… ¡Los folletines que tanto me hicieron latir el corazón de pequeña!… ¿Cómo podría la abuela esperar la continuación de una novela por entregas? A mí, me atrapan en el sillón y no me levanto hasta leer fin… ¿Ves? Yo también aprovecho para tirar del hilo. Antes de que llegaras, con la casa en silencio, noté la agudeza de un zarpazo. La urgencia por buscar una historia de amor que he recordado siempre: un tomo pequeño y roto. Sin grabados… Ocurría en Sicilia. A veces en sueños, este libro se convierte en una puerta de hierro que da a un jardín. Entreveo juegos de sombras con el sol. No logro abrir la cancela. ¡Nerviosa, forcejeo con la puerta! Voces me llaman por el nombre de la protagonista, ¡Adriana!, ¡Adriana!... Un hombre, Renzo, empuja la cancela. ¡Me encuentro libre en el jardín!... ¿No te ocurre a ti que después de la agitación de las pesadillas, te inundas de paz al despertar?... Rebusqué en el baúl. No la encontré y dejé de buscarla. Mejor que se haya perdido. Total, ¿para qué? si Renzo solo abre la puerta en sueños... Las primeras lecturas son irrecuperables. Puedes reconstruir el argumento, pero la relación apasionada con los personajes, la sed por entregarse a la aventura, a la naturaleza, a otra persona... los pagos de felicidad desaparecen para siempre... Mira, Germán, las primeras novelas de amor que leí, ha sido ahí, tirada por el suelo en las siestas de verano; con el libro en la alfombra, y el cuerpo acomodado a la postura más propicia para avivar el movimiento de la mano y buscar la página donde había dejado el episodio; aquel que había hecho galopar mis sueños la jornada anterior... Un día me vio la abuela... Comprendí que sus ojos llevaban un rato espiándome. «¡No sabía que estabas ahí!», dije con un calor desconocido que me subía a las mejillas. Bajé los ojos a la página para esconder la turbia emoción. Cerré el libro ¡Como si la abuela no supiera de qué iba mi azoramiento!... No te creas, Germán, que era una historia apasionada, me encontraba enajenada por uno de esos círculos ampulosos de las mayúsculas iniciales: una E rodeada de nenúfares… En mi imaginación se abrazan dos amantes: ella, túnica blanca; él, traje oscuro. Una parte de ella quiebra la cintura, vuelta la cabeza para escapar del beso; otra, la traiciona con un gesto de desmayo: ¡salvarse y quemarse! ¡Querer y no querer!… Mi trenza desecha sobre el hombro desnudo… Yo turbada… «¡Pones cara de loca leyendo esas novelas!», dijo la abuela… Me había descubierto… Leer, desde aquel día, se convirtió en tarea solitaria y secreta: ¡nocturna!... Leer es acceder a un terreno personal en el que se ingresa con esfuerzo y emoción. Terreno amenazado y siempre por conquistar y defender. Comprendí que la puerta de acceso a ese recinto, además de secreta, debía ser empujada de noche, como la del amor… En esos veranos de adolescencia, cada anochecer, escuchaba al caballero delante de la puerta de hierro: ¡Adriana! ¡Adriana!... Ardiente y extraviada acudía bajo la luna para gozar del éxtasis… Era juguete de aventuras y pasiones. Taciturna. Fantasiosa. Enamoradiza. A la espera de que Renzo llamara a Adriana… Y ¿sabes?... Cada vez escuchaba menos su voz… ¡Cuántos desengaños! Necesitaba abrir la cancela. Ser libre... No era fácil con la educación de aquellos años; con los usos y costumbres: «Eulalia, a las nueve en casa»; con las reprimendas: «una chica no puede ir sola por esos caminos». Cadenas aherrojaban mis efervescentes deseos… Un día, sigilosa, entré en el despacho en penumbra del abuelo Ricardo. Husmeé entre sus libros y en mis manos cayeron *Las amistades peligrosas*. Me bebí aquella historia con deleite; aquellas historias libertinas entre Valmont y la marquesa de Merteuil. Ella, elegida para vengar el sexo femenino y martirizar a los hombres. Lleva la iniciativa en las cuitas de amor... Con sus argucias, conserva su reputación de mujer casada, pero mantiene relaciones con quien desea por el tiempo que le parece oportuno... Libre, no le importa su reputación. Se descerrajó la cancela. Cayeron las cadenas: ¡una revolución! La que estaba esperando. Laclos pulverizaba el concepto de amor arraigado en aquella época… Su heroína se revolvía contra aquellos modelos ancestrales de conducta amorosa. ¡Hice mi catecismo de aquel libro! De allí en adelante la señora Merteuil, cínica, descreída, artífice de su propio destino, destronó a las Adrianas, que luchan entre salvarse o quemarse. ¿Entre obedecer o rebelarse?: ¡rebelarme! ¡Querer con pasión! ¡Quemarme!... Esa fue mi decisión. Rompí las cadenas. Madame Merteuil abrió los eslabones. Fue el comienzo de mi rebeldía… ¿Me ha servido para algo?… No lo sé, Germán, porque mi vida… *(Pausa,* EULALIA *mira en el baúl y extrae varios bordados.)* Mira Germán, en esto se entretenía mi madre, durante el último verano en esta finca. Se los encargaba la abuela para colocarlos de tapetes sobre las mesas… Se encontraba desconsolada. Perpleja y enfadada con el mundo. Nadie le importaba nada. Ni tu padre ni yo comprendíamos el drama de nuestra madre... ¿Te lo habrá contado? ¿no?... Una tarde de primavera, mi padre no regresó a casa... Pasó el tiempo y llegaron noticias de que se encontraba con el dinero de la familia y otra mujer en Venezuela... Renegué de mi padre, pero no tuve ningún sentimiento de lástima por mi madre... Siempre dócil. Nunca quiso o supo, vete tú a saber, parar los pies a su marido... ¿Sabes a qué me llevó esa situación?: a liberarme de lazos impuestos, como lo había hecho mi heroína, Merteuil... No esperé más. Me rebelé contra la sumisión de las esposas, los noviazgos formales o lo que entraña compromiso. Necesitaba cancelar toda fidelidad con el mundo establecido; cancelar la opresión de estas paredes... Me marché a Grenoble con una beca... Orgullosa de mi excepcionalidad y rebeldía frente a la cómoda postura de las chicas de aquel tiempo. Antoine... Luis... Julio... Enrique... Carlos... Andrés y me dejo algunos. Un desfile... Y ahora, ya ves... Bueno, creo que no lo sabes. Busco alguno, porque rompí con Andrés y me angustia estar sola, rodeada de medicinas, libros por el suelo, un vaso a medias, colillas... por puro nerviosismo. Vacío y sensación de ruina, como las grietas de techos y paredes de esta casa: ¡Arrugas!... Un día empiezas a saber que están ahí. Por dentro y por fuera. No lo piensas, hasta que te desfiguran poco a poco... Ya ves tú, cuántas noches han tenido que desplegarse las estrellas desde entonces acá, para que

las de hoy sean propicias para apadrinar retahílas de esta índole... Delante de ti que eres
casi un extraño en busca de su hilo, te mues-
tro yo el mío. Serán los estertores de la abuela junto a tu llegada el motivo, de que afloren
historias enterradas... No sé cuantas más te
contaría... No tengo sueño, si no lo tienes tú,
han de salir más cosas tirando del hilo. Ya ves
lo charlatana que estoy... y cómo me invaden
las arrugas.

GERMÁN   Quítate la mano de la frente. Anda, anda...
¡Tú, no tienes arrugas! No te empeñes en te-
nerlas. Yo sí que tengo grietas en mis paredes
y he venido para que las selles con lañas... A
ver si me entiendes... Que se muera una señora de cien años con la que no he tenido tra-
tos, me deja indiferente, pero es el primer pretexto de fuste para hablar con la única persona en el mundo, por la que me muevo para
viajar... Ya he soltado el hilo... ¡Vaya recibi-
miento que has hecho!: ¡¿qué haces aquí?!...
¿Sabes qué pensé?... que eras el ser más grosero que pisa la tierra... pero es increíble lo
que puedes cambiar de un momento a otro...
No pareces la misma... Cuando entré y te que-
daste parada en mitad de la sala, me diste miedo. Lo razonable era, en un momento como
este, que te hubieras alegrado al verme, me
quieras mucho o me quieras poco... ¡Para!
No me digas que te alegraste al verme, porque con esa expresión helada y ausente no se
mira ni a un perro. Me congelaste la palabra.

Me hiciste literalmente desaparecer, sentirme como el vacío mismo. Con la ira que me entró en lo único que pensé, fue en marcharme sin decir palabra, cerrando la puerta con estrépito... Me contuvo, ya ves, acordarme de Colette. Ella estaba convencida de que me ibas a recibir así, displicente, porque –me dijo– «le encanta aparentar ser incomprendida». Me cabreaba darle la razón. Escuchar por su piquito: «ya te lo decía yo»... Así que me entró como una reacción de antipatía hacia ella y de simpatía hacia ti... Extraño, ¿no?... Recordé también tus caricias sobre mi pelo, tus besos y tu risa en el último verano que pasé con mis padres aquí, en Louredo, cuando era pequeño... Sin embargo, el retrato de tu persona no lo logré pillar. Tu imagen estaba completamente desenfocada. Era una foto movida. Eso me atrajo. Hace un rato no acerté a saber si querías compañía o preferías soledad; como tampoco lograba saber si eras buena o mala, si eras inteligente o no, si guardabas algo de cariño por mí u otros lo habían arrancado de tu corazón... La misma confusión que cuando era pequeño: nunca supe, si mi padre te apreciaba o te tomaba a beneficio de inventario; si te quería o te había olvidado, cuando murió mamá y te alejaste de nosotros... ¡Ves!, un misterio para mí... Cuando Colette dejó de ser mi institutriz, para ocupar el puesto de madre, mi padre vertía comentarios para ridiculizarte... ¡No, no me mires así!... Con sus tontunas, me quedaba perfectamente claro, que tú no te encontrabas entre ese grupo de gente que pasa por la vida sin dar ni frío ni calor. Eso son cosas que un niño coge muy bien… En las primeras Navidades con Colette entronizada, mi padre leyó una carta tuya, con dibujos y versos. «Esa es de temer», dijo con cariño. Y luego, cambiando de tono, para complacer a Colette: «antes me cortarán el cuello que querer a semejante bruja»… Déjame que siga con la Navidad: me levanté, tiré la servilleta y me fui rabioso a mi habitación… Por suerte, los humores de los demás te dejan de alterar con el tiempo. ¡Que cada cuál haga con su vida lo que quiera! ¡Que elija cuanto se le antoje! Si es tu padre como si es el *sursum corda*. Allá ellos. Es su problema. Los ves como protagonistas de un circo… Es divertido, porque interpretan el papel de payasos… Sin embargo, aquel día, mi padre no me hacía ninguna gracia. Me daba pena que eligiera tan mal con Colette… Ahora, me parece absurdo el llanto de aquel día, encerrado en mi cuarto, pensando con desesperación en mamá, maldiciendo a Colette y odiándote a ti, que desapareciste, agrandando mi grieta... Era un circo en el que me atemorizaban los leones… Con tu ausencia dejé de escuchar cuentos, dejé de sentir caricias, dejé de oír hablar de mamá. Te marchaste y sentí que la herida de mamá se abría profundamente… Un manto de silencio cubrió su recuerdo y te odié… Tú, con tu palabra, eres la única persona que puede cerrar la herida que abrió esa intrusa… Vaya historias te cuento… No sé si invento.

(…)

EULALIA   ¡Claro que sí! Al hablar perfilamos, inventamos lo que antes no existía; lo que era un puro magma sin encarnar… Verbo sin hacerse carne… Lo que tenía mil formas posibles, al hablar se cuaja en una sola y única. ¡Poder hablar, Germán, es una maravilla! Eliges una combinación de palabras, sin pararte a pensar el orden y la importancia, y ¡claro que salen cosas!... ¿Habías pensado en el Edipo que te rondaba?… El discurso mental también es diferente, porque no existen palabras, son fantasmas agazapados en el cuarto de atrás… ¡Hablar es lo único que vale la pena!... Fíjate, lo digo yo que me he convertido en un ser solitario. ¡Hablar es divertido! ¡Hablar es un juguete, que nunca se estropea! A las palabras no les cuesta trabajo ponerse en fila y salir de la boca. Empiezas y ¡hala! retahílas de palabras… Las historias son sucesión de palabras que surgen con un orden irrepetible, marcado por el interlocutor, aunque no interrumpa. ¡Tú! ahora callas, pero tus ojos… ¡Nunca son iguales unos ojos a otros! El que escucha, con la mirada, cataliza las historias… Las historias se tejen entre dos: dame hilo… toma hilo… (*Abre el baúl y saca unas fotos y se detiene en una.*) ¡Mira! Esta foto se convierte en una historia, porque estás tú ahora contemplándola… ¡Tu madre y yo! Lucía, tu madre, había venido a pasar unos días en Zarauz. Íbamos en bici camino de Guetaria… ¡Qué maravilloso!: dentro de tus ojos se descubren los suyos. ¡No hubiera pensado en esto, si no llevara un rato contemplándolos!… Ella risueña frente al sol. Yo con los ojos entornados. Sin embargo, ella… ¡No he visto criatura más demente del sol!… Al sol la conocí, un día de noviembre. Ya sabes, hicimos parte de la carrera juntas… ¡Qué tiempos! ¡Creíamos que desde las aulas mataríamos al dictador!... Llegaba con retraso y despistada al primer curso. Entró en clase… «¿Se puede?». Era una chica nueva de cara redondita con abrigo azul. Al salir, se acercó sin timidez, pero sin desparpajo: «Lucía Vélez me llamo, ¿lleváis muchos apuntes? Vengo de Palencia»… Iba al grano. Tenía vacíos todos los circunloquios, mientras los demás andábamos en puro circunloquio y pontificando siempre… Gritando: ¡fuera grises de la universidad! Y otras lindezas... Yo más que nadie… Había algo en ella que me desconcertó y me llevó a querer arrancarle opiniones tajantes. Tu madre no quería reñir, aunque tenía opiniones distintas de las nuestras. Era más llana… «¿Reñir? –terciaba–: ¡inútil y agobiante! Se saca poco en limpio y, sobre todo, te enfadas»… Tenía razón, yo me enfadaba mucho, demasiado; tendía a avasallar para tener razón… Recojo el hilo, Germán. Ella no tenía miedo a no tener razón. Yo, en cambio, tenía demasiado… Estaba orgullosa de mi rebeldía frente a la postura conformista de mis compañeras. ¡Quería imponerla!; que me siguieran. Ya ves. ¡Una feminista furibunda!... Me enfadaba cuando escuchaba a alguna: «solo me importa ser madre; lo demás no me interesa». Y me enfureció tu madre cuando dijo con pasión: «¡me encuentro muy a gusto siendo mujer; no me importaría tener hijos!». Le salía del alma... No era un hábito de la educación de la época: era una convicción... ¡Claro que yo la interrumpía!: «con ese *noble* pretexto dejarás la carrera». «Bueno, eso ya se verá», replicaba. Yo más indignada: «en esta España, no cabe compaginar: o eres madre o te haces persona». Le escandalizaba aquella alternativa tan rotunda. «Puedo compaginar ambas cosas. Está todo por hacer, pero si no –me avisaba de antemano– ya sabes lo que voy a elegir»... Me desesperaba oírla decir aquello con tanta serenidad y convicción... Tu madre era una lumbrera y hubiera hecho carrera en la universidad... Me pareció una catástrofe que se casara antes de acabar la carrera. Me llevé un disgusto de muerte y le eché toda la culpa a mi hermano... Se veía venir desde la primera tarde que la traje a merendar a casa. Se vio que era la única persona capaz de aguantar con alegría y paciencia a un ser tan egoísta... Perdona, Germán, que diga esto de tu padre, pero es lo que me sale... «Tu hermano está muy solo», me dijo al día siguiente. Me quedé de piedra. «¿Solo?: el chico más popular de Derecho. ¡No tienes ojos en la cara!». «Claro –me dijo ella–, por eso te lo digo; los hombres vanidosos no hablan nunca de verdad con nadie, no miran, no escuchan, ¿quieres soledad mayor? Quisiera ayudarle a no estar tan solo». «¿Te gusta?». «Sí –me respondió–, pero sobre todo me necesita». «Estás loca. Tú vales cien veces más». Solo conseguí una sonrisa de comprensión... ¡Esa forma de ver el amor era anticuado... inaceptable! Propio de una Adriana. Le presté *Las amistades peligrosas*. Cuando me devolvió el libro, me dejó de piedra: «está bien escrito, pero, chica, que el triunfo de las mujeres consista en tener que volverse liantas y antipáticas como la tal madame; para semejante viaje no habíamos de menester alforjas»... Me abrumó su resumen... Yo quería vivir sin cadenas. ¡Que nadie me mandara! Tomar el amor como un juego divertido que se deja o se coge según cuadre. Puro enredo, narcisismo. Se levanta uno de la mesa cuando quiere, tira los naipes sobre el tapete y a otra cosa. ¿Sufrir por amor?: ¡qué barbaridad!; ¿Casarse?: ¡perder la libertad!... Yo había decidido no enamorarme nunca. «Vaya decisión, –me dijo Lucía– como si te fuera a servir de algo tomarla». «¡Contra el amor siempre se puede luchar!», respondí. Me dejó abrumada una pregunta lanzada al aire: «¿no es perder la libertad pasar toda la vida luchando contra el fantasma del amor?»... Eso es lo que hacía yo esa temporada. Había un chico que me gustaba, Luis Burgos. Veraneaba en Zarauz y salíamos en pandilla. A mamá también le gustaba: buen porte, buena familia, futuro ingeniero. A mí los noviazgos formales tácitamente fomentados me espeluznaban… No es como ahora que jugáis siempre, incluso en exceso: aventuras demasiado fáciles, casuales, apasionadas un rato y a otra cosa. Esas relaciones no tienen hilo. ¿Se lo encuentras tú? Acaba el juego, te quedas con mal cuerpo un rato y ¡hala! a por otra… ¡A los treinta años te encontrarás hastiado de tanto sexo!… Antes no había manera de jugar. Todo eran prohibiciones y miedos al riesgo… Luis me propuso seguir viéndonos después del verano; probar una relación de novios, por si cuajaba. Yo ardía por dentro, pero a él lo veía muy formalito… ¡No era una relación que encajara con madame Merteuil! Le daba hilo…

(…)

GERMÁN   Mira esta foto. Es aquí en la entrada de la finca. Mi madre no tiene los ojos radiantes, como en la que está contigo camino de Guetaria. Se la ve cansada. Ella está embarazada de mi hermana Marga, mira a mi padre y a mí me coge de la mano.

EULALIA   Fue unas semanas antes de dar a luz y unos meses antes de su muerte. La presentía, pero la encaró sin aspavientos… ¡Te parecerá una tontería este recuerdo! Una tarde, estudiando el barroco para un examen, apartó de improviso el libro con un gesto de fastidio y se

levantó: «¡me voy a dar un paseo! Si sale el
barroco, me suspenden y en paz»... Nunca lo
olvidaré... Era... un libro como este: «las igle-
sias románicas –comentó– no necesitan alam-
biques para atraer a los fieles, sus portadas son
recónditas y solo las traspasan los que quie-
ren descanso, nunca los que van en busca de
fantasmagoría como en el barroco. El barroco es puro aspaviento que se ve obligado a lla-
mar la atención del transeúnte»... Ya te he dicho, nunca se me olvidará... La noche antes
de morir tenía los ojos cerrados y yo estaba
sentada al lado de su cama. Tu padre se había
dormido en un sillón. Creí que ella dormía,
pero no. Abrió los ojos y me dijo despacio:
«¿te acuerdas de aquella tarde en tu casa qué
habladora estuve con lo del barroco?». ¡Cómo
no me voy a acordar!, ¿por qué?... «pues nada,
porque lo veo cada vez más claro, a las cosas
serias les pintan mal los adornos retóricos. Fíjate, cuántas frases sobre la muerte y, ya ves,
llega y no somos capaces ni siquiera de despe-
dirnos». ¡Germán, era divina!... Perdóname,
te estoy poniendo muy triste. Me he desviado
mucho.

GERMÁN   ¡Bendita desviación! Siglos puedes seguir ha-
blándome de mamá. Es como si me tocaras la
médula espinal... Me encanta oírte... Estas
historias, contadas así de noche, por tu voz,
es lo que buscaba... y lo que me hubiera hecho falta, como el comer, cuando se murió
mamá... Pero me fui aguantando el hambre...

Pasaba un día y otro; un mes y otro; un año y otro. Nadie volvía a hablar de mamá… ¿Tú crees que hay derecho?... ¿Crees que me importa ser hijo de Yocasta? Ahora que lo has mentado, te diré, que ningún complejo… A mi madre, ni nombrarla, como si no hubiera vivido. No me atrevía a preguntarle a papá y, cuando una necesidad la tienes que esconder para ti solo, acabas viéndola como un fantasma... Piensas: «seré un bicho raro»… ¡Ese silencio me hacía daño!... Mi cuerpo estaba enfermo. La única medicina habría sido estar todo el santo día oyendo hablar de ella. Pues no señor. La ley del silencio… No me quedaba otra que echar mano de mis propios recuerdos. Me exprimía los sesos, te lo aseguro, para acordarme de cómo hablaba, de cómo se reía, de cómo contaba cuentos. Cerraba los ojos con fuerza. Empecé a recordarlos y cuando no me venía a la cabeza ningún pasaje, los inventaba. Me los aprendía. Los recitaba en voz alta… (*Pausa.*) No sé si vas a creer lo que te voy a contar… (*Pausa larga.*) Bueno, allá va: decidí entrar en el cuarto de Marga por las noches, cuando se encontraba acostada, y susurrarle al oído los cuentos. Ella era pequeña. La acariciaba y le contaba cuentos una y otra vez… ¿Me consolaba? Pienso que me enajenaba… Hasta que un día nos sorprendió Colette. Me riñó con palabras fuertes… Todo se volvió oscuro… Durante muchos años la atracción por mamá no me ha dejado vivir… Ni lo llenó mi hermana Marga, ni tú que habías desaparecido… Lo peor era descartar para siempre la esperanza de que mamá pudiera aparecer… Enterrar sus caricias y sus besos… Por esa época era exageradísimo en la defensa de mis afectos. Me arropaba en el dolor como en lo más mío… Dirás que el tiempo agranda las penas. No es verdad… Fíjate: a la gente había empezado a dividirla en dos categorías, las que había conocido a mamá y las que no. Las personas de este segundo grupo me interesaban muy poco. Colette pertenecía al segundo… La boda con mi padre fue una puñalada. Me obligaba a cancelar toda esperanza, aunque la tuviera en carne viva. Colette se convirtió en la reina sonriente y ruidosa… ¡Sí, yo fui un Edipo que se saca los ojos!... Me volví ciego y silencioso… Luego, el anuncio de que tendríamos un hermanito… Un espanto… (*Pausa. Toma la foto de su madre y Eulalia en Zarauz*) Un día, mi padre nos anunció a Marga y a mí: «¡ha vuelto la tía Eulalia!»... No sé la de veces que te habría llamado en momentos de angustia. Había pensado en escribirte a París, pidiéndote que me contaras cosas de esta foto, de la que tenía una copia; de tus conversaciones con mamá… Todo lo que hace un rato me has contado, ya ves, sin que te lo pidiera… No te escribí, porque te imaginaba cogiendo aquella carta, leyéndola con ojos de extrañeza y rompiéndola… ¡No lo podía soportar!... Me habría bebido tus palabras cualesquiera que fuesen, si me hubieras escrito… Pero ni te acordabas de mí en las postales que escribías a papá… Fue pasando el tiempo. Poco a poco dejé de esperar aquel sobre abultado a mi nombre con las historias de mamá, que me debías… Sonó el teléfono y al colgar papá dijo: «mañana viene a comer tía Eulalia». «¡Pues que venga!», respondí seco. «¿No te alegras, Germán?». «Sí, papá, me alegro mucho»… ¡Mentira! Sentía una enorme decepción. Pena de que ya no me encontraras en plena desazón, sino indiferente, porque aquella ansiedad ¿qué había sido de ella?… ¡Te eché la culpa!… Apareciste en casa tan natural, tan graciosa, acompañada de Andrés, aquel hombre alto y serio. Venías rebosante de besos, historias y regalos… ¿Quién sabe si aquel día eras tan feliz como aparentabas?… No lo creo porque en casa comentaron que os llevabais mal… La comida fue muy triste, para mí… Nadie habló ni una palabra de mamá… La herida seguía abierta… Lo peor, ninguno había echado en falta tal mención. Desde aquel día la sombra de mamá se alejaba de modo irreparable… Ahora estas historias de la chica de Palencia no son el suero en vena capaz de devolverme el aliento y la vida… Ahora es un lujo oírte, aunque es tarde... ¡No! No creas que me encuentro en la indigencia. Cuando ese año terminé el bachillerato, no sabía qué hacer. El mundo andaba revuelto. Necesitado de soluciones; rupturas con el pasado. Me ilusionaba implicarme en la construcción de una sociedad más justa… Me inclinaba por Sociología, Políticas o Historia…

(*Pausa.*) ¡Bah! Me pudo la insistencia de mi padre: «estudia Derecho, trabaja en el bufete y luego ya tendrás tiempo para arreglar los problemas del mundo»... Me matriculé en Derecho y terminé sin que me gustara, ni me costara. ¿Preparar oposiciones? Me aburría pensar en más años de estudio. ¿El bufete? porqué, ¿no?... Claro, siempre que mi padre no me atosigara. Le puse una barrera que ha preferido no atravesar, para no tener un problema conmigo. Me modelé a mi gusto... Ahora vivo bien, sin trabajar como un *pringao*, porque ahora o das un *pelotazo*, o *curras* como un imbécil... ¿Las chicas? Al principio, me cortaba. No conocía a ninguna y me dejé llevar por dos compañeros de colegio, que empezaron la carrera conmigo... La movida de los ochenta facilitó las cosas... Eso tengo que agradecerte a ti y a tu generación, que os empeñasteis en liberarnos de viejos prejuicios. Las largas noches que empezaban con *kalimotxo* y porros y seguían con bebidas y sustancias más duras, me quitaron las tontunas de chico tímido y ensimismado... Enterré a Edipo o eso supuse... Ahora con lo que te he dicho, veo que sigue bien vivo en las entretelas de mi vida. La desinhibición de las compañeras hizo el resto... Todos se empeñaron en cambiar mi figura formal y apocada; en matar los fantasmas de las historias interiorizadas... Probé. En una de esas noches de ruido y sin final, te enrollabas con una. Sin compromisos. Ninguno los buscaba. Disfrutabas, terminabas y a otra cosa… ¿Una opción vital o el resultado de tantos productos y la música enajenante?... Salías sonado y revuelto… Te jurabas no regresar el siguiente sábado… Faltaba voluntad y desde la mitad de la semana no pensabas en otra cosa que en la noche que te quitaba el aburrimiento de los cánones del derecho. ¡Ah! y de experimentar lo aprendido en la televisión, porque los programas venían cargados de *información*… Una madrugada, me encontré abrazado a Inés. Íbamos *mamaos*. ¿Por qué no vienes a casa?, me dijo… Empezamos a quedar, aunque si uno tenía otro rollo, no se lo reprocharía… Cada uno conservaría su independencia en todo… ¿Por esta liberación luchabas tú, cuando estabas en la universidad?... ¡Juntos y libres viviríamos en el futuro, nos decíamos Inés y yo!… A su madre, que ya se había separado de su padre, le caí bien… Fue una historia de encuentros y desencuentros. De promesas que ninguno estaba dispuesto a cumplir… Lo dejábamos y lo retomábamos semanas después. Probaríamos unos años juntos, sin hijos, para ver si funcionábamos. Con la euforia, apostábamos que sí. Cuando pintaban bastos, cada uno íbamos a lo nuestro. Nos separamos… Este tiempo, ¿llenó el vacío de mamá?... Con sus caricias, sí; pero ni el afecto, ni… ¿el amor?, suplieron el de mi madre. Busqué o me buscaron otras, pero después de un tiempo resolvía que con ninguna compartiría techo. Me pregunto, si vuestra liberación habrá valido la pena o si, acaso, no era mejor el mundo de mamá… ¡Es igual!... ¿Ves? Lo he pasado bien muchísimas veces, he terminado la carrera, he hecho el amor, ¿cómo un paliativo? ¡Yo qué sé!... He viajado… y sobre todo no lloro por las noches… La herida de mamá ya se ha cerrado, posiblemente en falso. No te digo que no. Yo quería que cicatrizara a base de cuidados, pero nadie vino a socorrerme. Quizás mejor así, cualquiera sabe.

EULALIA   Cualquiera sabe, sí… A mí no me parece que hayas cerrado en falso la herida de tu madre. La intemperie, a fin de cuentas, es lo único sano para curar heridas. A eso nunca te puede ayudar nadie: o aprendes solo o te hundes… Ahora que hemos pegado hebra… No pienses que mi vida ha sido un camino de rosas sin espinas… ¡No! Abundan más las lágrimas, los laberintos mentales, la opresión en el pecho tantas mañanas, cuando abres los ojos y te encuentras… Sola ¡Sola!, después de haber roto con el enésimo amor de tu vida… Tú viste en aquella comida la luz, la vida. Sin embargo, ¡no conoces mis noches!: ¡la muerte!... En mis ratos de muerte, que son muchos…, de obsesión, de ceguera por un hombre, por proyectos profesionales cambiantes o por inquietudes políticas rotas, ¡soy una pescadilla mordiéndose la cola!... Llegan noches de oscuridad y amaneceres de desazón… ¡Pero hay que vivir! ¡Cada palo que aguante su vela!... Sola, vuelvo a empezar. Amaso el tiempo que me pertenece. Es mi tela para tejer. Convierto el sufrimiento en palabra: ordeno tanta sin razón, reflexiono sobre ella… y recuerdo un consejo de la abuela: «Eulalia, un hombre es su cuerpo, el placer que te dé y nada más, tu búscale el cuerpo y déjate de historias»… Ya ves que moderna. Jamás me habría hablado así mi madre. «Estás el tiempo que aguante y cuando la cosa no va, rompes las cadenas. Das por cancelada la dependencia»… Más fácil decir que hacer… ¿Te habrá pasado a ti?... Siempre quedas enganchada, a no ser que las sustancias te hagan olvidadizo… La ruptura con Andrés fue distinta… Llevo muchos meses haciendo revisión de mis errores ¡Aguantando a pie quieto la soledad! ¡Tragándome mi bilis!... hasta que has llegado tú… No sabría explicarte… Dejémoslo… Regreso a mi perorata: Mi encuentro con Andrés fue diferente. Tal vez porque divisaba los cuarenta años y… porque él veía las cosas del amor como yo. Al poco de empezar a salir me dijo: «No tengo celos de tus amigos, ni de tu vida pasada»… Me gustó que el hecho de gustarle como mujer no le impidiera decirme: «Conserva siempre la claridad mental y tu independencia»… Un hombre más respetuoso que él con la mujer, ya te digo, no se encuentra. Le gustaba que le llevara la contraria. Me parecía guapo, comprensivo, ¡un alma gemela! Tenía una buena situación profesional y había heredado buenos dineros de su padre… Se lo presenté a la abuela: «Ese mirlo blanco -me dijo- acabará haciéndote sufrir, más, mucho más que los otros». La miré con irritación. «¡¿Por qué dices eso?!» «Porque ese hombre te fascina y además es frío. No te dejes atrapar. Te lo digo por si acaso, porque muerta tu madre, a ver quién, sino yo te va a hacer esas advertencias»... ¡Esa tarde la abuela estuvo clarividente y además divertidísima!... Achispada, sacó un librito negro con pinta de breviario. «Me leerá las admoniciones», refunfuñé. «Este libro es *El desdén con el desdén*». De modo solemne empezó a leer largos parlamentos de Diana a quien los desengaños de una pasión violenta llevan a refugiarse en el estudio de la historia y la filosofía, para instruirse en los desastres que el amor acarrea... La corté, «¿por qué te importa que Andrés sea frío?». «Porque con los hombres fríos que te intrigan, gozas de su cuerpo, pero no te basta, pero lo que te digo es que te baste. Te tiene que bastar. ¡Acuérdate!»... ¡Te tiene que bastar! ¡Te tiene que bastar! ¡Te tiene que bastar!... pero no me bastó... En seguida me di cuenta de que conocer su alma pliegue por pliegue era prácticamente imposible. ¿Crees que me importaba?... Hemos vivido unos años juntos y no conocí cuáles eran sus motivaciones, ni sus cambios de humor... Nada. Ni siquiera sus gustos... Bueno, sé que le gusta estudiar, opinar de política, hablar y vivir bien; que no le gustan las mujeres elegantes y muy arregladas... pero poco más no te creas... ¡¿Viajar?!... ¿Tú crees que te puedo decir si le gusta viajar, a pesar de la cantidad de aviones, trenes y kilómetros que hemos hecho juntos? No te lo puedo decir… La cuestión es que nunca se oponía. Es verdad que soy muy egocéntrica. Hacíamos las cosas por fuerza de mi capricho… Yo era muy expansiva y hablaba sin parar… Él mantenía una actitud ajena y taciturna. Yo quería tener razón. Siempre la he querido tener y justificarlo todo… Decidimos ir a la India. Andrés perdía un puesto de profesor por aquel viaje. Me pareció que no estaba muy feliz y le dije: «¡no queremos compromisos! ¡ni proyectos! ¡ni porvenir estable! ¡ni aceptar estructuras sociales!… ¡No queremos hijos! ¡Eso significa la India para nosotros!»… Recuerdo que Andrés, sin pasión ni censura, me cortó: «Vamos a la India porque nos apetece, porque he heredado un dinero de mi padre y nos da la gana fundírnoslo en este viaje y en paz. ¡Te has puesto muy *barroca* en la justificación!»… Aquella palabra, Germán, se me clavó… Aquella noche algo se quebró… Una luz diferente vi en sus ojos cuando pronunció la palabra *barroca* y se levantó de la silla, como tu madre… Cuando me pongo a revisar la sucesión de tambaleos que desembocaron en la separación, tengo que reconocer que allí estaba la primera fisura, en aquella luz fría y rara de sus ojos mientras afirmaba: «¡Has estado muy *barroca*!»… Lo quería horriblemente, pero él ¿me quería a mí?… A mí cuando se me mete una idea fija soy de temer, no sé las horas que debí pasar dándole vueltas a esa palabra: *barroca, barroca, barroca*. ¡Mierda con el barroco!... Necesitaba su atención al ciento por ciento, pero me era muy difícil meterlo de buenas a primeras en mi laberinto... ¡No te dejes atrapar!, me golpeaba con fuerza; pero me encontraba atrapada... Pensé que Andrés era más independiente de mí que yo de él... No sé por qué, ya no estaba tan segura de no querer tener un hijo suyo... ¿Mi forma de atraparlo?... Empezaba con las cábalas: Tener un hijo es un problema, qué duda cabe. Después de haber cumplido los cuarenta hay muchos riesgos de aborto y hasta de parir un niño con malformaciones. Cualquiera se aventura, encima de tener un niño, que te salga deforme... ¡Qué horror!... ¡Me pasa eso y me muero!... Pero, el tiempo se va, y ¿no habré perdido algo fundamental como mujer?... ¿Me importaba a mí eso? o ¿quería atraparlo?... Además, ahora hay técnicas que detectan las malformaciones en los fetos... A mí, Germán, tener un niño chico en brazos siempre me ha espantado; las madres siempre me daban pena y un poco de grima... ¡Siempre, libertad!... Había elaborado una serie de teorías para justificar este grito y los circunloquios tan articulados resultan difíciles de desmontar... El dilema era más simple: ¿Querer? o ¿no querer?... ¿Salvarse? o ¿quemarse? No me atrevía a decirle a nadie, ¡Ayúdame a salir de este laberinto!... Andrés no se pronunciaba contra la paternidad. Lo único que le escuché es que a él las madres no le daban pena, dependía de las ganas con que se metieran a serlo. Ahí era donde me exaltaba: ¡Las ganas de ser madre me parece un argumento inaceptable!... No pensaba en el hijo como futura persona independiente, sino en mi realización personal, en la vinculación con Andrés, en si podía significar un remedio a los conflictos de pareja... Seguía con mis cábalas: para tener un hijo hace falta una disposición absolutamente magnánima... Se me cruzaba la figura de tu madre: Yo podría tener un hijo si fuera tan valiente y generosa como ella, sin pensar que el niño va a resolver algo, ni a compensarte de nada... Lo importante para ella erais Marga y tú, aunque cuando la concibió ya estaba enferma... Pero esto es imposible; ya resulta difícil querer el bien de un amigo, así a palo seco, cuanto más el de un ser que todavía no existe... Cuando me iba a estallar la cabeza, Andrés, frío, me dijo: «Que sí, que sí mujer, si estamos de acuerdo, pero lo que me parece absurdo es que vuelvas tantas veces sobre lo mismo. Ya hemos decidido no tener hijos, ¿no?, pues entonces no te calientes la cabeza»... Cuando regresamos de aquel viaje a la India, él decidió parar. Asentarse y hacer carrera en la universidad. Su decisión me pareció una traición... ¿Yo, que voy a hacer? Me entró el empeño por seguir siendo joven contra viento y marea. Matricularme en periodismo; estudiar filosofía, historia; tener amigos jovencitos; seguir viajando... Eran aspavientos compulsivos para disimular los desconchones en las paredes de un baluarte que empezaba a desmoronarse… Cuando regresaba de los viajes, que hacía sola, volvía aburrida y sin haber resuelto nada, pero le hacía narraciones brillantes y exaltadas de todo lo que había visto. Le encarecía cuánto lo había echado de menos. «Parece que quieres meter la mano en todos los líquidos para revolverlos antes de que dejen poso», me decía con sorna Andrés, escudado en su sosiego, melancólico, apagado y escéptico… Le irritaban mucho mis explicaciones por mi manía egocéntrica. Cada vez más le hartaban mis barroquismos explicativos, mis circunloquios, mi machacaneo para que compartiera sensaciones y les diera importancia… Me dejó helada cuando un día me respondió sin levantar la vista de sus libros: «vas aviada si pretendes no perder la razón, dando pábulo a semejantes mensajes oníricos. ¡Vas a enloquecer!»… Germán, no me resigno a darlo por perdido y claro que está perdido… pero me gustaría recobrarlo… Andrés no existe, me digo. Estará con otra o estudiando o durmiendo. De dientes para afuera digo: «¡Qué me importa!», para conjurar el miedo a dormir al raso. ¡Qué me importa!, pero, ves Germán, todo remite al hilo que nos mantuvo en vida en algún momento. Un hilo, como el de la abuela, el de tu madre, el de esta casa… Hilos dolorosos, con un nudo corredizo en la garganta amenazando asfixia... Puedes oír voces perentorias y rotundas: «¡Corta!» No puedes, ya te digo, cortar y agarrar otro hilo diferente de buenas a primeras… Así llevo un año, ovillada, ensimismada por estas palabras de confusión y daño; acompañada de insomnio, medicinas, vasos apurados, encuentros ocasionales… Esta herida está purulenta… No sé cómo quitarle el pus. Apretar, apretar: hablar, hablar. Miedo al dolor, miedo a decir me siento vacía… ¿A quién contárselo?… *(Pausa larga.)* Gracias abuela, porque has tirado del hilo. ¡Germán! Me siento un eslabón perdido, pero alivia tanto hablar… Ahora mientras hablo este eslabón, se engancha a ti. Con tus palabras me quitas el miedo a estar girando sola en el vacío…Ya veo que experimentas amores y abandonos… Gracias, Germán, por compartir tus heridas. ¡Qué bien se está contigo!… *(Pausa larga.)* Me gusta mirarte. Tienes los ojos igual que tú madre. Mientras me miren no hay tiempo, ni amenazas… Solo existen tus ojos.

GERMÁN   Y los tuyos, Eulalia. De verdad, qué guapa estás ahora, si te pudieras ver. ¡Ojalá! Te durara eternamente esa expresión que tienes, la que te atribuía yo en la infancia cuando te imaginaba por las noches arrodillada al borde de mi cama... Tú sí que encandilas a uno. Te miro mientras hablas y te veo una cara increíble, de niña, de joven, de bruja… Cambia a rachas, a la luz de las palabras que vas echando al fuego… Es un fuego que propagas y nos limpia… Necesitaba tu fuego para encender el mío.

EULALIA   Hemos aguantado la noche a base de palabras que nunca nos atrevimos a decir. No tengas miedo. Yo no lo tengo… Dejemos que el fuego nos purifique. ¡Que no se extinga!

GERMÁN   Echémosle historias y no se apagará…

(EULALIA *se acerca a un lateral del rectángulo. Desde allí.*)

EULALIA   La abuela acaba de morir. ¿Le damos un beso?

Madrid, 21 de octubre de 2025.

José Gabriel López Antuñano

Ucrania, la vida es sueño

Sobre el texto
de
Calderón de la Barca

Esta obra se estrenó en el Teatro Académico Nacional Lesya Ukrainka
de Kyiv, el 30 de septiembre de 2023, traducido al ucraniano.
En España se estrenó en el Teatro de La Abadía de Madrid,
el 15 de noviembre de 2025, interpretada por Oleg Zamiatin (Basilio),
Olga Nagirniak (Rosaura), Volodymyr Mishukov (Segismundo),
Roman Masto, en Kyiv; Oleksii Polischuk, en Madrid, (Clotaldo)
Anastasiia Piskovets (Clarín), Valeriia Saakyan (Estrella),
Mikhailo Ganiev (Soldado 1º), Oleksandr Grekov (Soldado 2º)
y Rudolf Dzyruk (Soldado 3º).

Dirección: Ignacio García y Oleg Zamiatin.

En memoria del soldado ucraniano Nagirniak,
muerto en el frente de batalla
el 30 de noviembre de 2025,
al que su hermana, Olga,
dedicaba las funciones de esta obra.

Al novio de Valeriia,
muerto en un bombardeo ruso semanas atrás.
(ver página 83).

En octubre de 2022, la Embajada de España en Ucrania, a través de su embajador, Ricardo López Aranda, nos invitó a Ignacio García y a mi a impartir un taller de teatro en un Master de la Universidad Nacional de Teatro, Cine y Televisión Ivan Karpenko-Kary, dirigido por Oleg Zamiatin, primer actor de la compañía estable de repertorio del Teatro Académico Nacional Lesya Ukrainka de Kyiv. Durante cinco días trabajamos tres escenas seleccionadas de *La vida es sueño*, que ya se encontraba traducido al ucraniano en verso.

Los ucranianos acababan de repeler la Invasión a Gran Escala (hipócrita eufemismo para omitir la palabra guerra) que Rusia unilateralmente comenzó el 24 de febrero de 2022. Durante los primeros días de este Taller sentimos cómo los versos de Calderón se resignificaban por las experiencias próximas vividas por los actores. Nos planteamos la posibilidad de hacer una versión para, más adelante, levantar el espectáculo. En abril de 2023, con el apoyo del Lesya Ukrainka que abría la posibilidad de un estreno en su sede, comenzó la segunda fase, ya con una versión traducida en verso al ucraniano. En tres semanas de septiembre, Ignacio García realizó los últimos ensayos, que culminaron un proceso, que el profesor Zamiatin había continuado durante la época lectiva.

La adaptación y dramaturgia incorpora el conflicto Segismundo-Basilio, en su dimensión política, existencial y filosófica, y prescinde de otras tramas. Las analogías son diáfanas entre Moscovia y Polonia, Rusia y Ucrania, y no se necesita cambiar un solo nombre. Calderón bajo las bombas es el reflejo de la situación presente del pueblo ucraniano, tan incomprendido por el magnate americano devenido en presidente de la nación más poderosa del mundo y comprador de mercancía averiada de marca rusa.

A los versos de Calderón se incorporan voces, opiniones de los actores, sobre palabras, reflexiones y acciones de los personajes, teñidas por el sufrimiento acumulado durante estos casi cuatro largos años. Son intervenciones improvisadas, en momentos establecidos dramatúrgicamente, que se codifican y se repiten en las funciones, ya sin cambios. Sin embargo, la situación no es idéntica desde la fecha de estreno en septiembre de 2023 a noviembre de 2024. Por este motivo los intertextos han cambiado de consideraciones más reflexivas a otros más vivenciales. En la versión que sigue, se incluyen en el texto principal, los comentarios más recientes, aunque se conservan a pie de página los del estreno y primeras representaciones en el teatro Lesya Ukrainka. El lector podrá comprobar los cambios y tomar el pulso a estos años de dolor y gallardía.

No me resisto a incluir en un breve anexo, las opiniones recogidas el último día del primer taller, el de octubre de 2022. Se recogieron durante el último día, después de una noche dura, de alarmas, drones y misiles (menos agresivos que los de este otoño de 2025). Tanto Ignacio como yo barruntábamos la posibilidad de incluir opiniones. Hasta ese día se mostraron reservados, pero en esta jornada expresaron cuanto llevaban dentro. No cabía duda, la versión a realizar debería escuchar más voces que la de Calderón.

Personajes

ROSAURA	Dama.
SEGISMUNDO	Príncipe.
CLOTALDO,	
CLARÍN	Gracioso.
BASILIO	Rey.
ESTRELLA	Dama.
SOLDADO 1º	
SOLDADO 2º	
SOLDADO 3º	

2 7

Nota:
Además de los personajes hablan los actores opinando sobre la obra de Calderón en el contexto de la guerra de Ucrania. Cuando esto sucede, en la acción del texto se señala con (ACTOR.) o (ACTRIZ.), que «abandona» su personaje, recupera su presencia de actor o de actriz y, desdoblándose, se dirige a los espectadores.

Jornada I

Salen Segismundo, Rosaura y Clarín.

Rosaura Hipogrifo violento,
que corriste parejas con el viento,
¿dónde rayo sin llama,
pájaro sin matiz, pez sin escama
y bruto sin instinto
natural, al confuso laberinto
de esas desnudas peñas te desbocas,
te arrastras y despeñas?
Quédate en este monte,
donde tengan los brutos su Faetonte;
que yo, sin más camino
que el que me dan las leyes del destino,
ciega y desesperada,
bajaré la cabeza enmarañada
deste monte eminente
que arruga el sol el ceño de la frente.
Mal, Polonia, recibes
a un extranjero, pues con sangre escribes
su entrada en tus arenas;
y apenas llega, cuando llega a penas.
Bien mi suerte lo dice;
mas ¿dónde halló piedad un infelice?

Clarín Di dos, y no me dejes
en la posada a mí cuando te quejes;

que si dos hemos sido
los que de nuestra patria hemos salido
a probar aventuras,
dos los que entre desdichas y locuras
aquí habemos llegado,
y dos los que del monte hemos rodado.

ROSAURA   No quise darte parte
en mis quejas, Clarín, por no quitarte,
llorando tu desvelo,
el derecho que tienes al consuelo.

CLARÍN   Mas ¿qué haremos, señora,
a pie, solos, perdidos y a esta hora
en un desierto monte,
cuando se parte el sol a otro horizonte?

(Suenan cadenas.)

SEGISMUNDO   ¡Ay mísero de mí! ¡Y ay infelice!

ROSAURA   ¿Quién ha visto sucesos tan extraños?
Mas si la vista no padece engaños,
me parece que veo
un edificio.

CLARÍN   O miente mi deseo,
o termino las señas.

ROSAURA   Rústico nace entre desnudas peñas
un palacio tan breve
que el sol apenas a mirar se atreve.

CLARÍN   Vámonos acercando;
que este es mucho mirar, señora, cuando
es mejor que la gente
que habita en ella generosamente
nos admita.

ROSAURA   La puerta
—mejor diré funesta boca— abierta
está, y desde su centro
nace la noche, pues la engendra dentro.

CLARÍN   Se oyen voces. Escuchemos que dice.

SEGISMUNDO ¡Ay mísero de mí! ¡Y ay infelice!

ROSAURA   ¿Qué triste voz escucho?
Con nuevas penas y tormentos lucho.

CLARÍN   Yo con nuevos temores.

ROSAURA   Clarín...

CLARÍN   Señora...

ROSAURA   Huigamos los rigores
desta encantada torre.

CLARÍN   Yo aún no tengo
ánimo de huir, cuando a eso vengo.
Se ve una prisión obscura
que es de un vivo cadáver sepultura.

ROSAURA   Y porque más me asombre,
en el traje de fiera yace un hombre.
Pues hüir no podemos,
desde aquí sus desdichas escuchemos;
sepamos lo que dice.

SEGISMUNDO   ¡Ay mísero de mí! ¡Y ay infelice!
Apurar, cielos, pretendo
ya que me tratáis así,
qué delito cometí
contra vosotros naciendo;
aunque si nací, ya entiendo
qué delito he cometido.
Bastante causa ha tenido
vuestra justicia y rigor;
pues el delito mayor
del hombre es haber nacido.
Solo quisiera saber,
para apurar mis desvelos
—dejando a una parte, cielos,
el delito de nacer—,
qué más os pude ofender,
para castigarme más.
¿No nacieron los demás?
Pues si los demás nacieron,
¿qué privilegios tuvieron
que yo no gocé jamás?
Nace el ave, y con las galas
que le dan belleza suma,
apenas es flor de pluma,
o ramillete con alas
cuando las etéreas salas
corta con velocidad,

negándose a la piedad
del nido que deja en calma:
¿y teniendo yo más alma,
tengo menos libertad?
Nace el bruto, y con la piel
que dibujan manchas bellas,
apenas signo es de estrellas,
gracias al docto pincel,
cuando, atrevido y crüel,
la humana necesidad
le enseña a tener crueldad,
monstruo de su laberinto:
¿y yo con mejor distinto
tengo menos libertad?
Nace el pez, que no respira,
aborto de ovas y lamas,
y apenas bajel de escamas
sobre las ondas se mira,
cuando a todas partes gira,
midiendo la inmensidad
de tanta capacidad
como le da el centro frío:
¿y yo con más albedrío
tengo menos libertad?
Nace el arroyo, culebra
que entre flores se desata,
y apenas, sierpe de plata,
entre las flores se quiebra,
cuando músico celebra
de las flores la piedad
que le dan la majestad,
el campo abierto a su ida:
¿y teniendo yo más vida

tengo menos libertad?
En llegando a esta pasión
un volcán, un Etna hecho,
quisiera sacar del pecho
pedazos del corazón.
¿Qué ley, justicia o razón
negar a los hombres sabe
privilegio tan süave,
excepción tan principal,
que Dios le ha dado a un cristal,
a un pez, a un bruto y a un ave?

ROSAURA   Temor y piedad en mí
sus razones han causado.

SEGISMUNDO   ¿Quié[n] mis voces ha escuchado?
¿Es Clotaldo?

CLARÍN   Di que sí.

ROSAURA   No es sino un triste, ¡ay de mí!
que en estas bóvedas frías
oyó tus melancolías.

SEGISMUNDO   Pues la muerte te daré,
porque no sepas que sé,
que sabes flaquezas mías.
¿Quién eres? Que aunque yo aquí
tan poco del mundo sé,
que cuna y sepulcro fue
esta torre para mí;
y aunque desde que nací
–si esto es nacer– solo advierto

este rústico desierto,
donde miserable vivo,
siendo un esqueleto vivo,
siendo un animado muerto.

ROSAURA   Con asombro de mirarte,
con admiración de oírte,
ni sé qué pueda decirte,
ni qué pueda preguntarte.
Solo diré que a esta parte
hoy el cielo me ha guiado
para haberme consolado,
si consuelo puede ser,
del que es desdichado, ver
a otro que es más desdichado.

SEGISMUNDO Con cada vez que te veo
nueva admiración me das,
y cuando te miro más
aun más mirarte deseo.
Ojos hidrópicos creo
que mis ojos deben ser;
pues cuando es muerte el beber,
beben más, y desta suerte,
viendo que el ver me da muerte,
estoy muriendo por ver.

ROSAURA   Cuentan de un sabio, que un día
tan pobre y mísero estaba,
que solo se sustentaba
de unas yerbas que comía.
¿Habrá otro -entre sí decía-
más pobre y triste que yo?

Y cuando el rostro volvió
halló la respuesta, viendo
que iba otro sabio cogiendo
las hojas que él arrojó.
Quejoso de la fortuna
yo en este mundo vivía,
y cuando entre mí decía:
¿Habrá otra persona alguna
de suerte más importuna?,
piadoso me has respondido;
pues volviendo en mi sentido,
hallo que las penas mías,
para hacerlas tú alegrías,
las hubieras recogido.

SOLDADO 2º   (*ACTOR.*) Quiero vivir, no sobrevivir.

ESTRELLA   (*ACTRIZ.*) La libertad no depende de que te la permitan. La libertad existe, cuando no tienes que pedir permiso.

SOLDADO 2º   (*ACTOR.*) La libertad es responsabilidad. Quizás por eso muchos la temen[1].

(*Sale* CLOTALDO.)

---

[1] ESTRELLA   (*ACTRIZ.*) La libertad es una condición necesaria y natural de la existencia humana y no puede ser un fenómeno extraordinario para nosotros.
SOLDADO 2º   (*ACTOR.*) Quiero ser libre como el pez en el agua y no un animal arrinconado.

CLOTALDO   ¡Oh vosotros, que ignorantes
              de aqueste vedado sitio
              coto y término pasasteis
              contra el decreto del Rey,
              que manda que no ose nadie
              examinar el prodigio
              que entre estos peñascos yace!

SEGISMUNDO   Primero, tirano dueño,
              que los ofendas y agravies,
              será mi vida despojo
              con desdichas miserables.

CLOTALDO   Si sabes que tus desdichas,
              Segismundo, son tan grandes,
              que antes de nacer moriste
              por ley del cielo; si sabes
              que aquestas prisiones son
              de tus furias arrogantes
              un freno que las detenga
              y una rienda que las pare,
              ¿por qué blasonas?

ROSAURA   Muévate en mí la piedad;
              que será rigor notable
              que no hallen favor en ti
              ni soberbias ni humildades.

CLARÍN   Yo, ni humilde ni soberbio,
              sino entre las dos mitades
              entreverado, te pido
              que nos remedies y ampares.

CLOTALDO   Venid conmigo, extranjeros.
No temáis, no, de que os falte
compañía en las desdichas;

(*Entra* BASILIO.)

CLOTALDO   Mi rey Basilio.

BASILIO   ¿Qué tienes? Clotaldo

CLOTALDO   Este bello joven,
osado o inadvertido,
entró en la torre, señor,
adonde al Príncipe ha visto,

BASILIO   No te aflijas, Clotaldo.
Ahora oíd cuanto digo:

Corte ilustre de Polonia.
Ya sabéis que yo en el mundo
por mi ciencia he merecido
el sobrenombre de docto.
Ya sabéis que, de las ciencias,
a la astronomía estimo,
pues las estrellas que adornan
años son mis libros.

Con Clorilene, mi esposa,
tuve un infelice hijo,
un monstruo en forma de ho[m]bre.
Con este parto los cielos
se escurecieron;

corrieron sangre los ríos.
Aquí nació Segismundo.
Yo, mirando las estrellas,
vi que sería el príncipe más crüel
y el monarca más impío,
por quien su reino vendría
a ser parcial y diviso.
Y él había de rendirme a sus pies.
Yo concediendo crédito
a los hados, que adivinos
me pronosticaban daños,
determiné de encerrar
la fiera que había nacido.
Publicóse que el Infante
nació muerto; y, prevenido,
hice labrar una torre
entre las peñas y riscos.
Allí Segismundo vive
mísero, pobre y cautivo.

Aquí hay tres cosas: la una
que yo, Polonia, os quiero librar
de la opresión y servicio
de un rey tirano.

SOLDADO 2º   (*ACTOR.*) La tiranía es el miedo a perder el poder.

ESTRELLA   (*ACTRIZ.*) Los tiranos no nacen, los creamos nosotros. Cada afirmación, «no es asunto mío», añade otra piedra que eleva su pedestal.

SOLDADO 1º   (ACTOR.) Seré feliz cuando este dictador
              muera.

SOLDADO 3º   (ACTOR.) Si el presidente que elegimos se ha
              convertido en un tirano, hay que derrocarlo.[2]

BASILIO   La otra es considerar
              que si a Segismundo le quito
              el derecho que le dieron
              humano fuero y divino,
              el tirano seré yo,
              porque el poder no he cedido.

SOLDADO 2º   (ACTOR.) Un golpe de estado puede destruir
              un trono, pero nunca construirá un estado.[3]

BASILIO   Es la última y tercera
              el ver cuánto yerro ha sido
              dar crédito fácilmente a las estrellas,
              pues no fuerzan el albedrío.

SOLDADO 2º   (ACTOR.) La voluntad puede ser reprimida
              por la fuerza, pero no destruida.

---

[2] SOLDADO 1º   (ACTOR.) ¡El día que desaparezca esta dictadura yo
                 gritaré de felicidad!
    ESTRELLA   (ACTRIZ.) Solo se puede imponer la voluntad a aque-
                 llos que lo permiten.
[3] SOLDADO 2º   (ACTOR.) Las personas que vienen a tu casa con ar-
                 mas no son personas, sino animales. Hay que ma-
                 tarlos como animales.

ESTRELLA   (*ACTRIZ.*) El cuerpo puede obedecer, las palabras pueden callar, pero la voluntad resiste incluso en silencio.[4]

BASILIO   Yo he de ponerle mañana
sin que él sepa que es mi hijo
y rey vuestro, a Segismundo
en mi dosel, en mi silla,
donde os gobierne y os mande,
pues con aquesto consigo
tres cosas, con que respondo
a las otras tres que he dicho.

Es la primera, que siendo
prudente, cuerdo y benigno,
desmintiendo en todo al hado,
gozaréis el natural
príncipe vuestro.

Es la segunda, que si él,
soberbio, osado, atrevido
y crüel, con rienda suelta
corre el campo de sus vicios,
habré yo piadoso entonces
con mi obligación cumplido;
y el volverle a la cárcel
no será crueldad, sino castigo.

---

[4] ESTRELLA   (*ACTRIZ.*) ¡Mi libertad puede ser limitada, pero mi voluntad no será quebrantada!

SOLDADO 2°   (*ACTOR.*) Cuando se quiebra la voluntad de una persona, aceptará cualquier cosa:cualquier gobernante, cualquier pedazo de pan y cualquier destino.

> Es la tercera, si aquesta
> solución no sea con mi hijo,
> que de Moscovia yo traiga
> a mi sobrina Estrella.

SOLDADO 2º   (*ACTOR.*) ¡Estás loco! ¡No fui yo quien lo dijo,
tus acciones contra el pueblo lo delatan![5]

> Esto como rey os mando,
> esto como padre os pido,
> esto como sabio os ruego,
> esto como anciano os digo.

---

[5] SOLDADO 3º   (*ACTOR.*) No he elegido yo a este viejo payaso.
       SOLDADO 2º   (*ACTOR.*) ¡Estás loco! Yo no digo esto, lo dicen tus acciones contra el pueblo.

Jornada II

Salen BASILIO y CLOTALDO.

CLOTALDO Con la apacible bebida
que de confecciones llena
hacer mandaste, mezclando
la virtud de algunas hierbas.
le brindé la dulce pócima
y del vaso al pecho apenas
pasó, un sueño como muerte
le rindió. Si no supiera
yo que era muerte fingida,
temiera su vida.
Solo te pido que me digas,
qué es tu intento,
trayendo desta manera
a Segismundo a palacio.

BASILIO Esto quiero examinar,
trayéndole donde sepa
que es mi hijo y donde haga
de su talento la prueba.
Si magnánimo se vence
reinará; pero si muestra
el ser crüel y tirano,
le volveré a su cadena.

CLOTALDO   ¿qué importó haberle traído
dormido desta manera?

BASILIO   Así he querido dejar
abierta al daño esta puerta
del decir que fue soñado
cuanto vio. Con esto llegan
a examinarse dos cosas.
Su condición la primera;
pues él despierto procede
en cuanto imagina y piensa.
Y el consuelo la segunda;
pues aunque ahora se vea
obedecido, y después
a sus prisiones se vuelva,
podrá entender que soñó;
porque en el mundo,
todos los que viven sueñan.

CLOTALDO   Parece que ha despertado.

BASILIO   Yo me quiero retirar.
Tú, como ayo suyo, queda.

(*Vase* BASILIO *y sale* CLARÍN.)

CLOTALDO   Clarín, ¿qué hay de nuevo?

CLARÍN   Hay,
señor, que tu gran clemencia
ya permita a mi señora,
porque bella mujer sea

vestir sus propios hábitos,
pues que su porte fingiera
no es digno de este palacio.

ROSAURA   (*ACTRIZ. Con traje de mujer, aparte al público.*) Vestida de soldado, hui con Clarín de Moscavia. Allí fui deshonrada. Una mujer no vale nada; se la ve a la sombra del hombre. En Polonia quiero vivir con dignidad.

ESTRELLA   (*ACTRIZ.*) La dignidad femenina consiste en la capacidad de valerse por sí misma, cuando todo el mundo intenta doblegarte.

(*Se entona una canción, una nana, que despierta a* SEGISMUNDO. *Sale* SEGISMUNDO.)

SEGISMUNDO   ¡Válgame el cielo, qué veo!
¡Válgame el cielo, qué miro!
Con poco espanto lo admiro,
con mucha duda lo creo.
¿Yo en palacios suntuosos?
¿Yo entre telas y brocados?
¿Yo cercado de criados
tan lucidos y briosos?
¿Yo despertar de dormir
en lecho tan excelente?
¿Yo en medio de tanta gente
que me sirva de vestir?
Decir que sueño es engaño;
bien sé que despierto estoy.
¿Yo Segismundo no soy?
Dadme, cielos, desengaño.

Decidme ¿qué pudo ser
esto que a mi fantasía
sucedió mientras dormía,
que aquí me he llegado a ver?
Pero sea lo que fuere,
¿quién me mete en discurrir?
Dejarme quiero servir,
y venga lo que viniere.

SOLDADO 2º ¡Qué melancólico está!

SOLDADO 1º Pues ¿a quién le sucediera
esto, que no lo estuviera?

CLARÍN A mí.

(Segunda canción con ligero aire militar.)

SEGISMUNDO No tengo de divertir
con sus voces mis pesares;
las músicas militares
solo he gustado de oír.

CLOTALDO Vuestra Alteza, gran señor
me dé su mano a besar;
que el primero le ha de dar
esta obediencia mi honor.

SEGISMUNDO Clotaldo es; pues ¿cómo así
quien en prisión me maltrata
con tal respeto me trata?
¿Qué es lo que pasa por mí?

CLOTALDO   Con la grande confusión
que el nuevo estado te da,
mil dudas padecerá
el discurso y la razón.
Pero ya librarte quiero
de todas, si puede ser,
porque has, señor, de saber
que eres príncipe heredero
de Polonia. Si has estado
retirado y escondido,
por obedecer ha sido
a la inclemencia del hado.
A palacio te han traído
de la torre en que vivías,
mientras al sueño tenías
el espíritu rendido.

SEGISMUNDO Pues vil, infame y traidor,
¿qué tengo más que saber,
después de saber quién soy,
para mostrar desde hoy
mi soberbia y mi poder?
¿Cómo a tu patria le has hecho
tal traición, que me ocultaste
a mí, pues que me negaste,
contra razón y derecho,
este estado?

CLARÍN   (*ACTRIZ.*) ¿Son traidores los que callan? ¿O
son simplemente cobardes?

SOLDADO 3º   (*ACTOR.*) La traición no se puede perdonar, aunque solo sea porque los traidores nunca se perdonarán su propia traición.

SOLDADO 1º   (*ACTOR.*) Traición es la de aquellos que se van a estudiar una carrera fuera del país, mientras nosotros estamos bajo las bombas.

ESTRELLA   (*ACTRIZ.*) Traición es la decisión consciente de olvidar la moral y los principios.

SOLDADO 2º   (*ACTOR.*) Traición es la de aquellos países que dicen apoyar a Ucrania y compran gas a los rusos.[6]

SEGISMUNDO   Traidor fuiste con la ley,
lisonjero con el Rey,
y crüel conmigo fuiste.
Muere a mis manos.

SEGISMUNDO   No
me estorbe nadie, que es vana
diligencia; y ¡vive Dios!

---

[6] ESTRELLA   (*ACTRIZ.*) Más que nada, la traición es una mentira. Alguien traiciona y miente cuando se siente debil e inutil.

SOLDADO 2º   (*ACTOR.*) Son los amigos los que traicionan, no los enemigos.

CLARÍN   (*ACTRIZ.*) Y los que callan ¿ Serán traidores? ¿O solo cobardes?

SOLDADO 1º   (*ACTOR.*) ¡Lo peor es traicionarse a uno mismo!

SOLDADO 3º   (*ACTOR.*) La traición es una línea roja que no cruza quien te ama.

si os ponéis delante vos,
que os eche por la ventana.

SOLDADO 1° Huye, Clotaldo.

CLOTALDO   ¡Ay de ti,
que soberbia vas mostrando,
sin saber que estás soñando!

(*Vase.*)

SOLDADO 2° Advierte...

SEGISMUNDO   Apartad de aquí.

SOLDADO 2° ...que a su Rey obedeció.

SEGISMUNDO En lo que no es justa ley
no ha de obedecer al Rey;
y tu príncipe era yo.

SOLDADO 2° Él no debió examinar
si era bien hecho o mal hecho.

CLARÍN   Dice el Príncipe muy bien,
y vos hicistes muy mal.

SEGISMUNDO ¿Quién eres tú?

CLARÍN   Entremetido,
y deste oficio soy jefe,
porque soy el mequetrefe
mayor que se ha conocido.

SEGISMUNDO   Tú solo en tan nuevos mundos
me has agradado.

CLARÍN   Soy un grande agradador
de todos los Segismundos.

ESTRELLA   *(Mientras se despoja del traje de soldado y se viste de mujer.)* ¿Quién habla de traición? ¿Segismundo? ¿No será el rey Basilio? ¡Me prometió una corona! Me llamó a Polonia para cuidarlo. Le atendí; aguanté a este anciano enfermo. ¡Yo iba a ser reina! Ahora el rey mira las estrellas de su horóscopo y decide otorgar el cetro y la corona a Segismundo. ¿Es justo? ¿Qué debo hacer, cuando me quedo sin nada?

    (Termina de vestirse y comienza a decir los versos de su personaje.)

ESTRELLA   ¡Feliz mil veces el día,
oh Príncipe, que os mostráis,
sol de Polonia, y llenáis
de resplandor y alegría
Vuestra Alteza, señor, sea
muchas veces bien venido
al dosel, que agradecido
le recibe y le desea,

SEGISMUNDO   Dime tú agora, ¿quién es
esta beldad soberana?
¿Quién es esta diosa humana,

a cuyos divinos pies
postra el cielo su arrebol?
Dadme a besar vuestra mano,
en cuya copa de nieve
el aura candores bebe.

ESTRELLA   Sed más galán cortesano.

SOLDADO 2°   Basta y repara, señor:
no es justo atreverse así
con la dama.

SEGISMUNDO   ¿Para mí
no es ya todo su honor?
Todo eso me causa enfado.
Nada me parece justo
en siendo contra mi gusto.

SOLDADO 2°   Pues yo, señor, he escuchado
de ti que en lo justo es bien
obedecer y servir.

SEGISMUNDO   También oíste decir
que por un balcón, a quien
me canse, sabré arrojar.

SOLDADO 2°   Con los hombres como yo
no puede hacerse eso.

SEGISMUNDO   ¿No?
¡Por Dios, que lo he de probar!

(SEGISMUNDO *reduce al* SOLDADO *2° de escena.*)

ESTRELLA   Llegad todos a ayudar.

(*Vase. Sale* BASILIO.)

BASILIO   Pésame mucho que cuando,
Príncipe, a verte he venido,
pensando hallarte advertido,
de hados y estrellas triunfando,
con tanto rigor te vea,
y que la primera acción
que has hecho en esta ocasión,
sea maltratar un soldado.
Aunque en amorosos lazos
ceñir tu cuello pensé,
sin ellos me volveré.
De tus brazos me retiro.

SEGISMUNDO   Sin ellos me podré estar
como me he estado hasta aquí,
que un padre que contra mí
tanto rigor sabe usar
que con condición ingrata
de su lado me desvía,
como a una fiera me cría
y como a un monstruo me trata.

BASILIO   ¡Bien me agradeces el verte,
de un humilde y pobre preso,
príncipe ya!

SEGISMUNDO   Pues en eso
¿qué tengo que agradecerte?
Tirano de mi albedrío,

si viejo y caduco estás
muriéndote, ¿qué me das?
¿Dasme más de lo que es mío?
Luego, aunq[ue] esté en este estado,
obligado no te quedo,
y pedirte cuentas puedo
del tiempo que me has quitado
libertad, vida y honor;
y así, agradéceme a mí
que yo no cobre de ti,
pues eres tú mi deudor.

BASILIO   Bárbaro eres y atrevido;
cumplió su palabra el cielo;
y así, para él mismo apelo,
soberbio, desvanecido.
  Mira bien lo que te advierto:
que seas humilde y blando,
porque quizá estás soñando,
aunque ves que estás despierto.

(*Vase.*)

SEGISMUNDO ¿Que quizá soñando estoy,
aunque despierto me veo?
No sueño, pues toco y creo
lo que he sido y lo que soy.
Y aunque agora te arrepientas,
poco remedio tendrás;
sé quién soy, y no podrás,
aunque suspires y sientas,
quitarme el haber nacido
desta corona heredero.

ESTRELLA   (*ACTRIZ.*) No siempre hay un abismo entre generaciones. A menudo es un muro que nosotros levantamos.

SOLDADO 2º   (*ACTOR.*) Eres inteligente porque has leído muchos libros, y yo soy sabio porque he aprendido de tus errores.

SOLDADO 3º   (*ACTOR.*) ¡Yo no elegí a este viejo payaso!⁽⁷⁾

CLARÍN   ¿Qué es lo que te ha agradado
               más de cuanto hoy has visto y admirado?

SEGISMUNDO Nada me ha suspendido,
               que todo lo tenía prevenido;
               mas si admirar hubiera
               algo en el mundo, la hermosura fuera
               de la mujer, pues ha sido un breve cielo.

               (*Sale* ROSAURA, *dama.*)

SEGISMUNDO ¿Quién eres? Que sin verte
               adoración me debes; y de suerte
               por la fe te conquisto.
               ¿Quién eres, mujer bella?

⁽⁷⁾ ESTRELLA   (*ACTRIZ.*) Los conflictos generacionales no son causados por la diferencia de edad, sino por la diferencia de valores.

     SOLDADO 2º   (*ACTOR.*) ¡Tu eres inteligente por los libros que has leído, y yo sabio porque he aprendido de tus errores!

ROSAURA   Soy una dama de Estrella.

SEGISMUNDO   Yo vi en reino de olores
                       que presidía entre comunes flores
                       la deidad de la rosa;
                       y era su emperatriz por más hermosa.

ROSAURA   Tu favor reverencio.
                       Respóndate retórico el silencio;
                       cuando tan torpe la razón se halla,
                       mejor habla, señor, quien mejor calla.

SEGISMUNDO   No has de ausentarte, espera.
                       ¿Cómo quieres dejar desa manera
                       a escuras mi sentido?

ROSAURA   Esta licencia a Vuestra Alteza pido.

SEGISMUNDO   Irte con tal violencia
                       no es pedir, es tomarte la licencia.

ROSAURA   Pues, si tú no la das, tomarla espero.

SEGISMUNDO   Harás que de cortés pase a grosero;
                       porque la resistencia
                       es veneno crüel de mi paciencia.

ROSAURA   Pues cuando ese veneno,
                       de furia, de rigor y saña lleno,
                       la paciencia venciera,
                       mi respeto no osara, ni pudiera.

SEGISMUNDO   Solo por ver si puedo
harás que pierda a tu hermosura el miedo,
que soy muy inclinado
a vencer lo imposible.
¡Hola!, dejadnos solos, y esa puerta
se cierre y no entre nadie.

(Vase CLARÍN.*)*

ROSAURA   Yo soy muerta. Advierte...

SEGISMUNDO   Soy tirano,
y ya pretendes, reducirme en vano.

ESTRELLA   *(ACTRIZ.)* La sociedad ha enseñado a las mujeres a tener miedo de negarse, y a los hombres a no tomarse la negativa en serio.

SOLDADO 2º   *(ACTOR. A* ESTRELLA.*)* ¿Cómo puedes entender NO, cuando tu cuerpo dice SÍ?

ESTRELLA   *(ACTRIZ.)* Hasta que diga «SÍ», significa «NO».[8]

(Sale CLOTALDO.*)*

---

[8] ESTRELLA   *(ACTRIZ.)* Los hombres se niegan a acpetar un «no» de una mujer. Creen que el silencio es señal de consentimiento, y el «no» es como un «sí».

SCLDADO 2º   *(ACTRIZ.)* ¡¿Cómo va a ser un «NO», cuando todo tu cuerpo dice «SÍ»?!

ESTRELLA   *(ACTOR.)* Aunque parezca que el cuerpo es um «sí», es um «NO».

CLOTALDO   Señor, atiende, mira.

SEGISMUNDO Segunda vez me has provocado a ira.
            ¿Mi enojo y mi rigor tienes en poco?
            ¿Cómo hasta aquí has llegado?

CLOTALDO   De los acentos desta voz llamado,
            a decirte que seas
            más apacible, si reinar deseas;
            y no, por verte ya de todos dueño,
            seas crüel, porque quizá es un sueño.

SEGISMUNDO A rabia me provocas,
            cuando la luz del desengaño tocas.
            Si sea fantasía o es realidad,
            si es sueño o si es verdad.
            Veré, dándote muerte.

            (Al ir a sacar la pistola, se la tiene CLOTALDO
            y se arrodilla.)

ROSAURA   ¡Acudid todos presto,
            que matan a Clotaldo!

            (Entra BASILIO.*)*

BASILIO   Pues ¿qué es esto?

CLOTALDO   Nada, señor, habiendo tú llegado.

SEGISMUNDO Mucho, señor, aunque hayas tú venido;
            yo a ese viejo matar he pretendido.

(*Vase.*)

BASILIO   Pues antes que lo veas,
volverás a dormir adonde creas
que cuanto te ha pasado,
como fue bien del mundo, fue soñado.

(*Vanse* BASILIO *y* CLOTALDO. *Sale* ESTRELLA.)

ESTRELLA   ¿Habrá persona en el mundo
a quien el cielo inclemente
con más desdichas combata
y con más pesares cerque?

ROSAURA   ¿Qué haré en tantas confusiones,
donde imposible parece
que halle razón que me alivie,
ni alivio que me consuele?

(*Vanse* ROSAURA, ESTRELLA *y las otras dos actrices. Descúbrese* SEGISM[U]NDO *como al principio, con pieles y cadena, durmiendo en el suelo. Salen* CLOTALDO, CLARÍN *y el* SOLDADO 1º.)

CLOTALDO   Aquí le habéis de dejar,
pues hoy su soberbia acaba
donde empezó.

SOLDADO 1º   Como estaba,
la cadena vuelvo a atar.

CLARÍN   No acabes de despertar,
Segismundo, para verte

perder, trocada la suerte,
siendo tu gloria fingida
una sombra de la vida
y una llama de la muerte.

(*Vanse* CLARÍN *y el* SOLDADO 1º. *Sale* BASILIO.)

SEGISMUNDO   Salga a la anchurosa plaza
(*En sueños.*)
del gran teatro del mundo
este valor sin segundo:
porque mi venganza cuadre,
vean triunfar de su padre
al príncipe Segismundo.
(*Despierta.*)
Mas ¡ay de mí!, ¿dónde estoy?

BASILIO   Pues a mí no me ha de ver.
Ya sabes lo que has de hacer.
Desde allí a escucharte voy.

(*Se esconde.*)

SEGISMUNDO   ¿Soy yo por ventura? ¿Soy
el que preso y aherrojado
llego a verme en tal estado?
¿No sois mi sepulcro vos,
torre? Sí. ¡Válgame Dios,
qué de cosas he soñado!

CLOTALDO   ¿Es ya de despertar hora?

(CLARÍN *empieza a cantar una nana.*)

SEGISMUNDO Sí, hora es ya de despertar.

CLOTALDO ¿Todo el día te has de estar
durmiendo?
¿nunca has despertado?

SEGISMUNDO   No,
ni aun agora he despertado;
que según, Clotaldo, entiendo,
todavía estoy durmiendo,
y no estoy muy engañado.
Porque si ha sido soñado
lo que vi palpable y cierto,
lo que veo será incierto;
y no es mucho que rendido,
pues veo estando dormido
que sueñe estando despierto.

CLOTALDO Lo que soñaste me di.

SEGISMUNDO Aquí mil nobles rendidos
a mis pies nombre me dieron
de su príncipe, y sirvieron
galas, joyas y vestidos.

CLOTALDO Buenas albricias tendría.

SEGISMUNDO No muy buenas; por traidor,
con pecho atrevido y fuerte,
dos veces te daba muerte.

CLOTALDO ¿Para mí tanto rigor?

SEGISMUNDO De todos era señor,
y de todos me vengaba.
Solo a una mujer amaba
que fue verdad, creo yo,
en que todo se acabó,
y esto solo no se acaba.

(*Vase* BASILIO.)

CLOTALDO Como habíamos hablado
de aquella águila, dormido,
tu sueño imperios han sido;
mas en sueños fuera bien
entonces honrar a quien
te crió en tantos empeños
Segismundo; que aun en sueños
no se pierde el hacer bien.

(*Vase.*)

SEGISMUNDO Es verdad; pues reprimamos
esta fiera condición,
esta furia, esta ambición
por si alguna vez soñamos.
Y sí haremos, pues estamos
en mundo tan singular,
que el vivir solo es soñar;
y la experiencia me enseña
que el hombre que vive sueña
lo que es hasta despertar.
Sueña el rey que es rey, y vive
con este engaño mandando,

disponiendo y gobernando;
y este aplauso que recibe
prestado, en el viento escribe,
y en cenizas le convierte
la muerte −¡desdicha fuerte!−;
¡que hay quien intente reinar,
viendo que ha de despertar
en el sueño de la muerte!
Sueña el rico en su riqueza
que más cuidados le ofrece;
sueña el pobre que padece
su miseria y su pobreza;
sueña el que a medrar empieza,
sueña el que afana y pretende,
sueña el que agravia y ofende;
y en el mundo, en conclusión,
todos sueñan lo que son,
aunque ninguno lo entiende.
Yo sueño que estoy aquí
destas prisiones cargado,
y soñé que en otro estado
más lisonjero me vi.
¿Qué es la vida? Un frenesí.
¿Qué es la vida? Una ilusión,
una sombra, una ficción,
y el mayor bien es pequeño;
que toda la vida es sueño,
y los sueños, sueños son.

SOLDADO 2º   (ACTOR.) Soñé que un ratón se comía a un
elefante.

ESTRELLA   (*ACTRIZ.*) Soñé que me quemé. Me quemé la mano izquierda. En el sueño, mi querido me besaba los dedos para que dejara de dolerme. Esa mañana me desperté y, mientras me arreglaba, me quemé la misma mano. La quemadura no me dolió. Me dolió que él muriera bajo las bombas.

ROSAURA   (*ACTRIZ.*) A menudo sueño con una infancia sin preocupaciones mi hermano mayor me lleva de la mano a la guardería. Le regalo un dibujo y él dice que está muy orgulloso de mí. Ahora estoy más orgullosa de él que de nadie, porque defiende mi país. Ya no le regalo dibujos, pero cada vez que subo al escenario la dedico la función a él.

CLARÍN   (*ACTRIZ.*) Empecé a tener miedo de los buenos sueños. Estoy en casa, mis padres están cerca. Cuando despierto, tengo que convencerme de que mi sueño no se corresponde con la realidad. Mi realidad no es un sueño.

SOLDADO 1º   (*ACTOR.*) ¿Quizás este no es nuestro sueño? ¿Quizás la vida es un sueño que alguien de arriba está soñando?

SOLDADO 3º   (*ACTOR.*) Tuve un sueño: lluvia, truenos, relámpagos, la noche se convierte en día, corro a casa y subo las escaleras con miedo. Veo a mi abuela moribunda y cuando le pregunto «¿por qué no te vas a casa? ¿No tienes miedo?». Ella responde: «no tengas miedo de los muertos, ya no te harán nada; ten miedo de los vivos».[9]

---

[9] ESTRELLA   (*ACTRIZ.*) Soñé que estaba rodeada de ratas por todos lados, cientos de ratas. Pero por alguna razón no quería matarlas, porque me parecía que nunca podría deshacerme de su hediondo olor a cadáver. Elegí vivir entre ratas en el sueño.

ROSAURA   (*ACTRIZ.*) A menudo sueño que estoy cayendo en un abismo, paso al caer frente a mis amigos y conocidos. No consigo parar mi caída...

CLARÍN   (*ACTRIZ.*) Me dan miedo los sueños, especialmente los buenos cuando estoy con mi familia. Porque cuando me despierto tengo que convencerme de que mis sueños no son la realidad y la realidad no es un sueño.

SOLDADO 2º   (*ACTOR.*) En mi sueño una mosca se comió un elefante

SOLDADO 1º   (*ACTOR.*) ¿Y soy el único que piensa que nuestra vida es un sueño que sueña alguien más allá? (¿Dios?)

SOLDADO 3º   (*ACTOR.*) Yo sueño a menudo con mi abuelo muerto. Quiero decirle algo y no consigo. Me da miedo no decir algo importante a un ser querido.

Jornada IIIª

Sale CLARÍN.

CLARÍN   En una encantada torre,
por lo que sé, vivo preso.
Lástima tengo de mí.
Todos dirán: «bien lo creo»,
y bien se puede creer;
pues para mí este silencio
no conforma con el nombre
Clarín, y callar no puedo.
De no comer me desmayo;
que en esta prisión me veo,
aunque está bien merecido
el castigo que padezco.

(*Salen* SOLDADO 1º *y* SOLDADO 3º.)

SOLDADO 1º   Esta es la torre en que está.
Echad la puerta en el suelo;
entrad todos.

CLARÍN   A mí me buscan.

SOLDADO 3º   Tú nuestro príncipe eres;
ni admitimos ni queremos
sino al señor natural.

TODOS   ¡Viva el gran príncipe n[uest]ro!

CLARÍN   ¡Vive Dios, que va de veras!
¿Si es costumbre en este reino
prender uno cada día
y hacerle príncipe, y luego
volverle a la torre? Sí,
pues cada día lo veo;
fuerza es hacer mi papel.

SOLDADOS   Danos tus plantas.

CLARÍN   No puedo,
porque las he menester
para mí, y fuera defeto
ser príncipe desplantado.

SOLDADO3º   Todos a tu padre mesmo
le dijimos que a ti solo
por príncipe conocemos,

SOLDADO1º   Sal a restaurar tu imperio.
¡Viva Segismundo!

TODOS   ¡Viva!

CLARÍN   ¿Segismundo dicen? Bueno.
Segismundos llaman todos
los príncipes contrahechos.

(*Sale* SEGISMUNDO.)

SEGISMUNDO   ¿Quién no[m]bra aquí a Segismu[n]do?

SOLDADO 3º   ¿Quién es Segismundo?

SEGISMUNDO   Yo.

SOLDADO 3º   Pues ¿cómo, atrevido y necio,
tú te hacías Segismundo?

CLARÍN   ¿Yo Segismundo? Eso niego.
Que vosotros fuistis quien
me segismundasteis; luego
vuestra ha sido solamente
necedad y atrevimiento.

SOLDADO 1º   ¡Gran príncipe Segismundo!
que las señas que traemos
tuyas son, aunque por fe
te aclamamos señor nuestro.
Tu padre, el gran rey Basilio,
temeroso que los cielos
cumplan un hado, que dice
que ha de verse a tus pies puesto,
vencido de ti, pretende
quitarte acción y derecho,
y ofrecérselo a Estrella,
princesa de Moscovia.
Pero el pueblo conociendo
que tiene rey natural,
no quiere que una extranjera
venga a mandarle. Y así,
haciendo noble desprecio
de la inclemencia del hado,
te ha buscado donde preso
vives, para que, valido

de tus armas y saliendo
desta torre a restaurar
tu imperial corona y cetro,
se la quites a un tirano.
Sal, pues; que en ese desierto
ejército numeroso
te espera.

ESTRELLA   (*ACTRIZ.*) El pueblo se une no por convenien-
cia, sino porque, de lo contrario, estamos
acabados.

ROSAURA   (*ACTRIZ.*) La unidad del pueblo se produce
cuando tenemos un frente; pero sin unidad
en la retaguardia, la lucha es imposible.

SOLDADO 1º   (*ACTOR.*) Esta es nuestra idea nacional: unir-
nos y lograr lo imposible.

CLARÍN   (*ACTRIZ.*) Queríamos el paraíso aquí, pero
nos dimos cuenta que nos engañaron.

SOLDADO 3º   (*ACTOR.*) Donde no hay intereses comunes, no
puede haber unidad de objetivos, ni unidad de
acción.[10]

---

[10] ESTRELLA   (*ACTRIZ.*) La gente se une cuando su patria está en
desgracia o por un deseo común de venganza.
CLARÍN   (*ACTRIZ.*) Querían separarnos, pero consiguieron lo
contrario. Ahora estamos unidos, incluso con aquellos a los que no conocemos. En esto está el poder, no
en las armas ☞

SEGISMUNDO ¿Otra vez –¿qué es esto, cielos?–
queréis que sueñe grandezas
que ha de deshacer el tiempo?
¿Otra vez queréis que toque
el desengaño, o el riesgo
a que el humano poder
nace humilde y vive atento?
Pues no ha de ser, no ha de ser.
Miradme otra vez sujeto
a mi fortuna. Y pues sé
que toda esta vida es sueño,
idos, sombras, que fingís
hoy a mis sentidos muertos.
Ya os conozco, ya os conozco,
y sé que os pasa lo mesmo
con cualquiera que se duerme.
Para mí no hay fingimientos;
que, desengañado ya,
sé bien que la vida es sueño.

SOLDADO 3º Si piensas que te engañamos,
vuelve a ese monte soberbio
los ojos, para que veas
la gente que aguarda en ellos
para obedecerte.

SOLDADO 1º (*ACTOR.*) Esta es nuestra idea nacional... !Unirnos y
hacer lo imposible!

ROSAURA (*ACTRIZ.*) La unidad del pueblo se produce cuando
cada uno está en su lugar y trabaja por el bien común, por la victoria. Hay un solo frente, pero sin
una retaguardia unida la lucha es imposible.

SEGISMUNDO   Ya
otra vez vi aquesto mesmo
tan clara y distintamente
como agora lo estoy viendo,
y fue sueño.

SOLDADO 1º   Esto sería,
si lo soñaste primero.

SEGISMUNDO   Dices bien, anuncio fue;
y caso que fuese cierto,
pues que la vida es tan corta,
soñemos, alma, soñemos
otra vez; pero ha de ser
con atención y consejo
de que hemos de despertar
deste gusto al mejor tiempo.
Y con esta prevención
de que, cuando fuese cierto,
es todo el poder prestado
y ha de volverse a su dueño,
atrevámonos a todo.
Contra mi padre pretendo
tomar armas y presto
he de verle a mis plantas.

(*Sale* CLOTALDO *y vase* CLARÍN.)

CLOTALDO   A tus reales plantas llego,
ya sé que a morir.

SEGISMUNDO   Dame los brazos.

CLOTALDO   ¿Qué dices?

SEGISMUNDO   Que estoy soña[n]do, y que quiero
             obrar bien, pues no se pierde
             obrar bien, aun entre sueños.

CLOTALDO   A tu padre has de hacer guerra.
             Yo aconsejarte no puedo
             contra mi Rey, ni valerte.
             A tus plantas estoy puesto;
             dame la muerte.

SEGISMUNDO   ¡Villano,
             traidor, ingrato! Mas ¡cielos!
             reportarme me conviene,
             que aún no sé si estoy despierto.
             Idos a servir al Rey,
             que en el campo nos veremos.
             (*Vase* CLOTALDO.)
             A reinar, fortuna, vamos;
             no me despiertes, si duermo,
             y si es verdad, no me duermas.
             Mas, sea verdad o sueño,
             obrar bien es lo que importa.
             Si fuere verdad, por serlo;
             si no, por ganar amigos
             para cuando despertemos.

ROSAURA   (*ACTRIZ.*) De niña, solía escuchar a las per-
             sonas mayores: «Dios te libre, niña, saber qué
             significa la palabra guerra». Era pequeña y
             no entendía el significado de esta frase. ¿Sig-
             nifica eso que tuve una infancia feliz? Ahora

he crecido y mi nación sufre un genocidio. Millones de niños se ven privados de su derecho a una infancia feliz.

SOLDADO 2º (*ACTOR.*) Si crees que la guerra es cuestión de vida o muerte, te equivocas. Es dinero.

ESTRELLA (*ACTRIZ.*) ¡La paz, parece tan fácil! Pero cuando nos la arrebataron, se convirtió en nuestro mayor deseo.[11]

(*Vanse, y tocan el arma. Sale el rey* BASILIO.)

BASILIO ¡Oh cielos! ¿Quién podrá parar prudente
la furia de un caballo desbocado?
¿Quién detener de un río la corriente
que corre al mar, soberbio y despeñado?
¿Quién un peñasco suspender, valiente,
de la cima de un monte, desgajado?
Pues todo fácil de parar ha sido,
y un vulgo no, soberbio y atrevido.

---

[11] ESTRELLA (*ACTRIZ.*) No quiero despertarme con las explosiones, porque dan miedo. Y lo peor es, que ya se ha convertido en algo habitual para nosotros.

SOLDADO 2º (*ACTOR.*) Paz. Parecía una cosa tan simple..., pero cuando la perdimos, se convirtió en nuestro deseo más fuerte.

ROSAURA (*ACTRIZ.*) Cuando era niña, a menudo escuchaba a la gente mayor decir «Dios no quiera, niña, que sepas qué es una guerra». De pequeña no entendía lo que significaba esto. Ahora la guerra invadió brutalmente mi país y millones de niños se ven privados de su infancia feliz. Toda mi nación está sufriendo un genocidio.

(*Salen* Clotaldo y Estrella.)

ESTRELLA Si tu presencia, gran señor, no trata
de enfrenar el tumulto sucedido,
que de uno en otro bando se dilata,
por las calles y plazas dividido,
verás tu reino en ondas de escarlata
nadar, entre la púrpura teñido
de su sangre; que ya con triste modo,
todo es desdichas y tragedias todo.

CLOTALDO ¡Gracias a Dios que vivo a tus pies llego!

BASILIO Clotaldo, pues ¿qué hay de Segismundo?

CLOTALDO Que el vulgo, monstruo despeñado y ciego,
la torre penetró, y de lo profundo
della sacó su príncipe, que luego
que vio segunda vez su honor segundo,
valiente se mostró, diciendo fiero
que ha de sacar al cielo verdadero.

BASILIO Dadme un caballo, porque yo en persona
vencer valiente a un hijo ingrato quiero;
y en la defensa ya de mi corona,
lo que la ciencia erró venza el acero.

(*Vanse* BASILIO, ESTRELLA *y* CLOTALDO. *Tocan
y salen, marchando,* SOLDADOS, SEGISMUNDO
y ROSAURA. ROSAURA *va vestida con traje de
soldado. Está en un plano de realidad, distinto al de ficción de los restantes personajes y*

dice, mientras en algún momento se ciñe la
espada.)

ROSAURA   Príncipe Segismundo,
dos veces son las que ya
me admiras, pero ignoras
quién soy: ¿un sueño? ¿una ficción?
La primera me creíste
varón, en la rigurosa prisión.
La segunda me admiraste
mujer, cuando fue la pompa
de tu majestad un sueño.
¿Era Rosaura una fantasma?
Ahora, cercada de extranjeros,
me oculto (introduzco) entre tus sueños.
Seas realidad o ficción,
con galas de mujer,
armas de varón me adornan.

SEGISMUNDO   ¿Qué razón de mí deseas?

ROSAURA   Vengo a alentarte
a que cobres tu corona.

(Vase SEGISMUNDO *y sale* CLARÍN.*)*

CLARÍN   Señora, ¿es hora de verte?

ROSAURA   ¡Ay, Clarín! ¿Dónde has estado?

CLARÍN   En una torre, encerrado
brujuleando mi muerte.

ROSAURA	Ruido oigo ¿qué puede ser?
CLARÍN	Que del palacio sitiado sale un escuadrón armado a resistir y vencer el del fiero Segismundo.
ROSAURA	Pues ¿cómo cobarde estoy y ya a su lado no soy un escándalo del mundo, cuando ya tanta crueldad cierra sin orden ni ley?
	(*Vase.*)
CLARÍN	Yo me oculto en sitio fuerte entre estas peñas. Pues ya la muerte no me hallará, dos higas para la muerte.
	(*Escóndese. Salen* BASILIO *y* CLOTALDO, *huyendo. Luego* CLARÍN.)
BASILIO	¿Hay más infelice rey? ¿Hay padre más perseguido?
ESTRELLA	Ya tu ejército vencido baja sin tino ni ley.
BASILIO	Huyamos, Estrella, pues, del cruel, del inhumano rigor de un hijo tirano.

(Disparan dentro, y cae CLARÍN *herido.)*

CLARÍN   ¡Válgame el cielo!

ESTRELLA   ¿Quién es
este infelice soldado
que a nuestros pies ha caído
en sangre todo teñido?

CLARÍN   Soy un hombre desdichado,
¡que por quererme guardar
de la muerte, la busqué!
Huyendo della, topé
con ella, pues no hay lugar
¡secreto para la muerte!
¡Volved! ¿A libraros vais
de la muerte con huir?
Mas ved que vais a morir
si está de Dios que muráis.

(Muere.)

BASILIO   Por la boca de una herida
este cadáver nos habla.
Pues yo, por librar de muertes
y sediciones mi patria,
vine a entregarla a los mismos
de quien pretendí librarla.*(Tocan alarma, y
sale* SEGISMUNDO *y toda la compañía.)*
Segismundo, mi hijo,
si a mí buscándome vas,
ya estoy a tus plantas.
Pisa mi cerviz, y huella

mi corona; postra, arrastra
mi decoro y mi respeto.

(*Muere* BASILIO.)

SEGISMUNDO Corte ilustre de Polonia atended,
que vuestro príncipe os habla.
Mi padre, que está presente,
por excusarse a la saña
de mi condición, me hizo
un bruto, una fiera humana;
de suerte que, cuando yo
por mi nobleza gallarda,
por mi sangre generosa,
por mi condición bizarra,
hubiera nacido dócil
y humilde, solo bastara
tal género de vivir,
tal linaje de crianza,
a hacer fieras mis costumbres.
(*Pausa.*)
Segismundo no desea
volver castigo con saña.

ESTRELLA (*ACTRIZ.*) El alma nunca es tan fuerte y noble, como cuando rechaza la venganza y
perdona.[12]

---

[12] ESTRELLA (*ACTRIZ.*) El alma de un hombre se vuelve maravi-
llosa, cuando, a pesar de sus sufrimientos, no elige
la venganza sino el perdón.

SEGISMUNDO ¿Qué os admira? ¿Qué os espanta,
si fue mi maestro un sueño,
y estoy temiendo en mis ansias
que he de despertar y hallarme
otra vez en mi cerrada
prisión? Y cuando no sea,
el soñarlo solo basta;
pues así llegué a saber
que toda la dicha humana,
en fin, pasa como sueño.

Kyiv, 20 de abril de 2023

Testimonio de los actores participantes en el Taller de octubre de 2022

Olga   El concepto de libertad nos toca de cerca. En *La vida es sueño* podemos introducir algunos sentimientos que nos son próximos. Por ejemplo, Segismundo no eligió su vida; Ucrania no escogió ser víctima. Las circunstancias son parecidas.

Volodymyr   En la historia de Ucrania reciente, el pueblo se subleva contra una opresión injusta. En poco tiempo nos hemos levantado cuatro veces con gobiernos prorrusos.

Wlad[13]   En *La vida es sueño* y en nuestra nación hay dolor compartido.

Anya   La libertad es vida. Ucrania no hubiera sobrevivido si no se hubiera levantado ahora reclamando la libertad. Esta es la lucha final. Todas las batallas, todas las revoluciones que hemos hecho, carecen de sentido si no damos la última batalla que es esta.

---

[13]   De los alumnos que participaron en el primer taller solo nos acompañaron hasta el final Olga Nagirniak y Volodymyr Mishukov.

Olga   Nuestra arma es el arte. Nosotros no podemos combatir militarmente. Nuestro combate es a través del arte.[14]

Marina   La libertad empieza, se forja en el alma, pero luego abarca toda tu vida. Durante la segunda guerra mundial el teatro apoyó a los soldados; se hacía teatro en el frente. Los soldados tenían un contacto con la vida y era fundamental para que no olvidaran para qué estaban combatiendo.[15]

Anya   La vida es un sueño. Nuestros sueños dormitaban y nos despertamos violentamente el 24 de febrero.

Olga   La libertad es el hilo que une todas las realidades de la vida. Sobre una tela, que es la existencia, se disponen cosas, que son los valores, pero para que formen parte del bordado es necesario que estén cosidos con el hilo de la libertad.

---

[14]   La cultura forma parte de la resistencia. Los teatros se programan con normalidad, diariamente, están llenos. Los directores de los teatros hacen planes para las siguientes temporadas. De vez en cuando, se produce una alarma y un desalojo del teatro. Terminada la alarma, la función continúa donde se interrumpió.

[15]   Actores del teatro Lesya Ukrainka son soldados. Están en el frente, hasta que los llaman del teatro porque intervienen en el reparto de una obra en repertorio que se representa un día determinado. El teatro y otros, se han desplazado a los frentes para hacer funciones ante los combatientes.

Wlad	Importa utilizar la libertad, primero para liberar las cosas propias y después las colectivas. Cuando Segismundo comprendió que disponía de su libertad, liberó a un pueblo oprimido.
Volodymyr	Las restricciones ahora no son nada en comparación con lo que nos pueden reprimir los rusos, si ganan esta guerra.
Marina	Necesitamos ser solidarios. La libertad colectiva no anula las libertades individuales.
Barbara	Amor y libertad se conectan. Los dramaturgos, como aquí Calderón, toman un tema pequeño y construyen una gran obra dramática. Te puede parecer que estas predestinado a seguir un camino, pero el libre albedrío permite revelarte.
Raman	Si no te relacionas con los demás y no te involucras con los que tienes alrededor, puedes hacer las cosas según dicta tu impulso de una manera individualista. Me interesa el camino de transformación de Segismundo del segundo al tercer acto, cuando tiene gente que espera algo de él, actúa de manera diferente. Para mí el diálogo de Segismundo con Clotaldo es esencial, porque ahí se percibe que ha aprendido.

Barbara	Sobre Rosaura: cualquier violencia arrebata la libertad y es necesario reaccionar contra esa violencia externa.
Rudolf	Desde el 24 de febrero he visto las cosas de forma diferente. Muchas cosas las teníamos «gratis», ahora valoro que no se nos pueden arrebatar. Tienen más valor.
Leonid	Las seis semanas siguientes al 24 de febrero estábamos como metidos dentro de un huevo, rodeados de vacío: desconcertados. Luego empezamos a despertar, a pensar, a volver a la vida.
Anya	No podemos tener ahora una visión de conjunto de esta guerra; no podemos hasta que la guerra finalice, porque cada día es diferente; se añaden experiencias.
Barbara	Las primeras semanas estaba en una situación de shock. En una situación de perplejidad. Haciendo cosas con las manos: preparando rampas, cócteles Molotov, etcétera. Un día me miré las manos y vi que estaban sucias y vacías; que era un trabajo que no servía para nada. Decidí que el arte era más útil para esta situación de guerra.

Kyiv, 31 de octubre de 2022

Esta primera edición de *retahílas* y *Ucrania, la vida es sueño*,
de José Gabriel López Antuñano, terminó de imprimirse
en noviembre de dos mil veinticinco,
en Madrid.